Zygmunt Bauman
Europa
Ein unvollendetes Abenteuer

EVROPA

Für das Denken Zygmunt Baumans sind Gesellschaftsgeschichte, Soziologie und Theorie der Moderne aufs Engste miteinander verknüpft. Das zeichnet auch sein erstmals 2004 in England erschienenes Buch „Europa. Ein unvollendetes Abenteuer" aus. Mit seinen tief in der europäischen Geistesgeschichte verwurzelten Essays plädiert er für ein Festhalten am Projekt Europa.

Zygmunt Bauman lehrte an den Universitäten Warschau (bis 1968), Tel Aviv (bis 1971) und Leeds (bis 1999). Zahlreiche Veröffentlichungen, viele liegen auf Deutsch vor u.a.: „Flüchtige Moderne", „Vom Nutzen der Soziologie". Eines seiner Hauptwerke ist „Dialektik der Ordnung. Die Moderne und der Holocaust" (eva taschenbuch).

Viele Preise und Ehrungen, wie 1989 der Amalfi-Preis, 1998 der Theodor-W.-Adorno-Preis, 2010 der Prinz-von-Asturien-Preis und 2014 der Preis für sein Lebenswerk der Deutschen Gesellschaft für Soziologie. Die dort gehaltene Laudatio von Ulrich Beck beschließt diesen Band.

ZYGMUNT BAUMAN

Europa
Ein unvollendetes Abenteuer

Übersetzt von Martin Suhr

CEP Europäische Verlagsanstalt

Titel der Originalausgabe: Europe. An unfinished Adventure
Copyright © Zygmunt Bauman, 2004
First Published in 2004 by Politiy Press, Cambridge, UK
© des Vorworts: Zygmunt Bauman 2014
Laudatio von Ulrich Beck mit freundlicher Genehmigung. Erstmals
abgedruckt in der TAZ im Oktober 2014.

Bibliografische Information der Deutschen Nationalbibliothek
Die Deutsche Nationalbibliothek verzeichnet diese Publikation in der
Deutschen Nationalbibliografie; detaillierte bibliografische Daten sind
im Internet über http://dnb.d-nb.de abrufbar.

© CEP Europäische Verlagsanstalt, Hamburg 2015
Coverfoto: Grzegorz Lepiarz
Signet: Dorothee Wallner nach Caspar Neher „Europa" (1945)
Satz: Susanne Schmidt, Leipzig
Alle Rechte, insbesondere das Recht der Übersetzung, Vervielfältigung
(auch fotomechanisch), der elektronischen Speicherung auf einem
Datenträger oder in einer Datenbank, der körperlichen und
unkörperlichen Wiedergabe (auch am Bildschirm, auch auf dem Weg
der Datenübertragung) vorbehalten.

Printed in Germany
ISBN 978-3-86393-059-2

Informationen zu unserem Verlagsprogramm finden Sie im Internet unter
www.europaeische-verlagsanstalt.de

Danksagungen

Ich danke Giuseppe Laterza und Jon Thompson dafür, dass sie mich bewogen haben, einen anlässlich einer Vorlesung in Leyden entworfenen Text zu einem umfassenderen Überblick über die gegenwärtigen Aussichten Europas zu erweitern, das sich in der zunehmend fragmentierten Welt von Leidenschaften und ethischer Verwirrung um Einheit, Vernunft und Gewissen bemüht. Ihnen ist es zu danken, dass ich mich an diese Aufgabe gewagt habe, obgleich für Fehler bei der Ausführung einzig ich verantwortlich bin. Ebenso geht mein Dank, wieder einmal, an meine Herausgeberin Ann Bone, deren unendliche Geduld sich in diesem Fall als besonders wertvoll erwiesen hat, da das Schreiben mit den schnellen Veränderungen des Themas kaum Schritt halten konnte ...

INHALT

Vorwort   9

1. Ein Abenteuer namens „Europa"   23

2. Im Schatten des Imperiums   74

3. Vom Sozialstaat zum Sicherheitsstaat   127

4. Unterwegs zu einer europafreundlichen Welt   166

Anmerkungen   189

Index   196

Ulrich Beck   203
Sinn und Wahnsinn der Moderne

VORWORT

J. M. Coetzee, einer der größten lebenden Philosophen unter den Romanschriftstellern und einer der fähigsten lebenden Romanschriftsteller unter den Philosophen, notierte in seinem *Diary of a Bad Year* (Vintage Books 2008; dt. *Tagebuch eines schlimmen Jahres*): „Die Frage, warum das Leben einem Wettrennen gleichen muss oder warum die nationalen Wirtschaften gegeneinander um die Wette rennen müssen, statt sich der Gesundheit zuliebe gemeinsam auf einen freundschaftlichen Lauf zu begeben, wird nicht aufgeworfen" (S. 119). Und er fügt hinzu: „Aber ganz gewiss hat Gott nicht den Markt geschaffen – Gott oder der Geist der Geschichte. Und wenn wir Menschen ihn geschaffen haben, können wir ihn nicht abschaffen und in einer freundlicheren Form wiedererschaffen? Warum muss die Welt ein Amphitheater sein, in dem Gladiatoren auf Leben und Tod miteinander kämpfen, statt zum Beispiel ein geschäftiger kooperativer Bienenkorb oder Ameisenhügel?" (S. 119) Einfache Worte, einfache Fragen, die nicht weniger gewichtig und überzeugend sind, nur weil es an einem mit akademischem Jargon angereicherten ausgeklügelten Argument fehlt, das sich am Geist der Märkte orientiert und Punkte zu machen sucht, statt an den gesunden Menschenverstand zu appellieren und die menschliche Vernunft aus ihrem Schlummer zu wecken und zum Handeln anzuspornen. Ja, warum? Man sollte Coetzees Frage im Gedächtnis behalten, wenn wir die gegenwärtige missliche Lage der Europäischen Union zu begreifen versuchen; wenn wir herauszufinden versuchen, wie es dazu kommen konnte, dass wir uns in ihr befinden, und welche Auswege es gibt, die nicht für immer verschlossen sind. Gegenwärtige Zwänge sind nur sedimentierte und versteinerte

Überbleibsel gestriger Entscheidungen – ebenso wie die heutigen Entscheidungen die selbstverständlichen „Tatsachen" in den entstehenden Realitäten von morgen erzeugen.

Die politischen Institutionen des zeitgenössischen Europa sind Palimpseste aus vielen Schichten. Die älteren Schichten sind, als sie mit neuen Farbschichten bedeckt wurden, nicht aufgelöst, geschweige denn ausgelöscht worden; sie können noch immer unter der dünnen neuen Schicht gelesen werden. Wie in allen Geschichten verschlingen sich auch in der Geschichte und Vorgeschichte der Europäischen Union Kontinuitäten und Diskontinuitäten aufs Innigste, und entscheidende Brüche mit dem Vermächtnis der Vergangenheit, klare Schnitte und wirklich neue Anfänge sind schwer zu finden und noch schwerer zu deuten. Das Ergebnis erinnert eher an eine zufällig zusammengeschusterte, tumultuarische und anarchische Schmiererei als an eine durchdachte Komposition – und am allerwenigsten an eine Komposition mit einer geplanten und im Vorhinein festgelegten eigenen Logik. Es sieht aus wie ein zum Scheitern verurteilter Versuch, Harmonie aus Inkohärenz und Einstimmigkeit aus Unvereinbarkeit zu beschwören, nutzlos oder sogar regelrecht trügerisch, wenn man versucht, ihn als Straßenkarte für effektives Handeln zu entfalten.

Das moderne Kapitel von Europas Versuchen, zur Einheit zu gelangen, und wenn schon nicht zur Einheit, dann doch wenigstens zu einer friedlichen Koexistenz, folgte auf die bislang erfolgreichste und dauerhafteste Verwirklichung in Gestalt des *Imperium Romanum* – und nachdem der posthume Versuch seiner Wiedergeburt in dem Phantom des Heiligen Römischen Reichs auf den postreformatorischen religiösen Schlachtfeldern sein Ende gefunden hatte. Es begann im Jahre 1555 in Augsburg, wohin die herrschenden Dynastien der durch kriegführende religiöse Faktionen am schlimmsten verwüsteten Teile Europas ihre Generalbevollmächtigten gesandt hatten, um eine Waffenstillstandsformel zu diskutieren und wenn möglich zu unterschreiben, die imstande wäre, den ersten (wenngleich, wie sich herausstellen sollte, nicht letzten) Bruderkrieg der Europäer zu beenden. Die Formel – *cuius regio, eius religio* – wurde geprägt und bestätigt, aber es brauchte noch beinahe ein weiteres Jahrhundert an Morden, Brandschatzungen, Zerstörungen und Epidemien, bis der Waffenstillstand akzeptiert, beherzigt und in die Praxis umgesetzt wurde; bis 1648, als die Sprecher der Hauptgegner einmal mehr am Verhandlungstisch saßen, diesmal in Münster und Osnabrück, um zu einer Vereinbarung zu gelangen, die als „Westfälischer Friede" in die Geschichte eingegangen ist.

Was diese Formel erreichen sollte, war das Recht des Herrschers, zu entscheiden, an welchen der wetteifernden Götter, die sich damals auf den entgegengesetzten Seiten der Frontlinie verschanzt hatten, seine oder ihre Untertanen glauben sollten – und im Namen welchen Gottes sie den Entscheidungen ihrer Herrscher gehorchen sollten. Aufgrund dieser Vollmacht sollte die Formel die Idee territorialer Souveränität inthronisieren: die Idee der innerhalb der Grenzen seines Reichs bindenden und unbestrittenen Rechte des Herrschers. In der Tat bedeutete die Souveränität dieser Formel, wie sie von Macchiavelli, Luther, Jean Bodin (in seiner 21 Jahre nach dem Vertrag von Augsburg veröffentlichten, außergewöhnlich einflussreichen Schrift *De la Republique*) oder Hobbes geltend gemacht wurde, das volle, uneingeschränkte Recht der Könige oder Fürsten, Gesetze zu verkünden und auszuführen, die für jeden bindend waren, der gerade das Territorium unter ihrer Herrschaft bewohnte (verschieden bezeichnet als Vorherrschaft, Oberhoheit oder Dominanz). Souveränität bedeutete höchste – durch äußeres Eingreifen uneingeschränkte und unteilbare – Autorität *innerhalb eines Territoriums*. Wie Macchiavelli argumentierte, und alle ihres Namens würdigen Politiker seitdem wiederholen sollten, bestand die einzige Verpflichtung des Fürsten in der *raison d'état*, – wobei sich *état* unweigerlich auf die in ihre Grenzen eingeschlossenen territorialen Gebilde bezog. Wie es die *Stanford Encyclopedia of Philosophy* ausdrückt: „Souveräne Autorität wird innerhalb der Grenzen ausgeübt, aber *per definitionem* auch mit Blick auf andere, die in die Regierung des Souveräns nicht eingreifen dürfen" – wo mit „andere" offensichtlich ebenfalls territorial fixierte Autoritäten gemeint sind, obgleich sie jenseits der Grenzen lokalisiert sind. Jeder Versuch, sich in die Ordnung der Dinge einzumischen, die vom Souverän auf dem Territorium seiner eigenen Herrschaft eingerichtet war, wurde dadurch als illegal, verdammungswürdig, als *casus belli* proklamiert; die Augsburger Formel kann als Gründungsakt des modernen Phänomens der staatlichen Souveränität gelesen werden – ebenso wie sie mit Recht als textliche Quelle des modernen Begriffs von Staatsgrenzen gelesen wird.

Und so verband sich mit dem Westfälischen Frieden noch ein selbstverständlicher, wenn auch nicht ausdrücklich formulierter Nebeneffekt: Statt sich in einen endlosen Krieg bis zur (gegenseitigen) Erschöpfung zu verwickeln, sollten Souveräne von jetzt an in einer solidarischen Verteidigung des unbestrittenen und unverletzlichen Prinzips der unbedingten Autorität vereint sein – unteilbar und unumstritten in ihrer territorialen Begrenzung.

Einmal der Praxis des Regierens einverleibt, erwies sich die Formel des Westfälischen Friedens als in einzigartiger Weise geeignet, die Bühne für das Nationenbildungs-Kapitel in der europäischen Geschichte vorzubereiten: Es bedurfte nur der Ersetzung von *„religio"* durch *„natio"* (eine rein terminologische Änderung, keine inhaltliche Operation), um sie als universales Ordnungsprinzip in dem langwierigen und dornigen Prozess der Europa-begeisterten und durch Europas Macht unterstützten Transformation der Welt zu entfalten. Diese Macht war unter den Sprösslingen der göttlich gesalbten Dynastien in einer Welt aufgeteilt, die in Staaten zerschnitten war, die ihre Legitimation und ebenso ihren Anspruch auf den

Gehorsam ihrer Untertanen (das heißt der Bevölkerung, die innerhalb ihrer Grenzen durch den retrospektiv postulierten gemeinsamen Ursprung und jetzt ebenso durch die vom Staat unterstützte Gemeinsamkeit der Zukunft in eine einzige Nation integriert war) auf „nationales Interesse" gründete. („Heutzutage", konstatiert Benjamin Barber in seiner grundlegenden Studie unter dem provokativen Titel *Wenn Bürgermeister die Welt regierten: Dysfunktionale Nationen, aufstrebende Städte*, „nach einer langen Geschichte regionaler Erfolge, scheitert der Nationalstaat in globalem Maßstab. Er war das vollkommene politische Rezept für die Freiheit und Unabhängigkeit autonomer Völker und Nationen. Er ist äußerst ungeeignet für eine wechselseitige Abhängigkeit.")

Die vom Westfälischen Frieden vorausgesetzte Idee territorialer Grenzen ist in der Folge, zusammen mit dem später hinzugefügten Nachtrag der natürlichen und/oder gottgesegneten Verbindung von Nation und Staat, von europäischen Konquistadoren in den Rest der Welt exportiert worden, nachdem sie in der Episode des europäischen Kolonialismus entfaltet und auf die überseeischen Außenposten der entstehenden und aufstrebenden Europa-zentrierten Reiche angewendet wurde wie ursprünglich auf ihre europäischen Metropolen. Als bleibende Spur des europäischen kolonialistischen Abenteuers bleibt die westfälische Formulierung in ihrer säkularisierten, gleichwohl in einigen Fällen auch ursprünglichen Fassung in unserer postkolonialen Ära in der Theorie, wenn nicht in der Feldpraxis ein unverletzliches, universal bindendes und selten, wenn überhaupt je explizit bestrittenes Organisationsprinzip des menschlichen Zusammenlebens auf der Erde.

Der Haken dabei ist, dass sie auch kontrafaktisch ist, und zwar in steigendem Maße – da ihre Prämissen illusorisch, ihre Postulate unrealistisch und ihre pragmatischen Empfehlungen unerfüllbar sind. Im Verlauf des letzten halben Jahrhunderts haben die Prozesse der Deregulierung, entstanden, gefördert und überwacht durch staatliche Regierungen, die sich freiwillig oder gezwungen der sogenannten „neoliberalen" Revolution" angeschlossen haben, zu einer wachsenden Trennung und steigenden Wahrscheinlichkeit einer Trennung von Macht (das heißt, der Fähigkeit, Dinge durchzusetzen) und Politik (das heißt, der Fähigkeit zu entscheiden, welche Dinge durchgesetzt werden müssen und sollen) geführt. Viele der Kräfte, die früher in den Grenzen des Nationalstaates zusammengehalten waren, haben sich in Luft aufgelöst und sind in das Niemandsland des „Raumes der Ströme" geflohen (wie Manuel Castell die politikfreien Weiten getauft hat), wohingegen die *Politik* wie zuvor territorial fixiert und beschränkt geblieben ist. Dieser Prozess hat alle Merkmale einer sich selbst antreibenden und sich selbst intensivierenden Tendenz. Ernsthaft der Macht beraubt und immer schwächer werdend, sind Regierungen gezwungen, Schritt für Schritt die Funktionen, die einstmals als natürliches und unveräußerliches Monopol der politischen Staatsorgane angesehen wurden, in die Obhut bereits „deregulierter" Marktkräfte zu geben, wodurch sie sie aus dem Reich politischer Verantwortlichkeit und Überwachung vertreiben. Dies hat einen schnellen Niedergang des öffentlichen Vertrauens in die Fähigkeit der Regierungen zur Folge, effektiv mit den Bedrohungen der existenziellen Lage ihrer Bürger umzugehen. Die Bürger glauben immer weniger, dass die Regierungen fähig sind, ihre Versprechen zu erfüllen.

Sie haben nicht ganz unrecht. Eine der stillschweigenden, gleichwohl entscheidenden Annahmen, die dem Vertrauen in die Wirksamkeit der parlamentarischen Demokratie zugrunde liegen, ist die, dass die Bürger in Wahlen entscheiden, wer in den nächsten paar Jahren das Land regieren und wessen Politik die gewählte Regierung umzusetzen versuchen wird. Der jüngste Zusammenbruch der kreditbasierten Ökonomie hat diesen Sachverhalt krass sichtbar werden lassen. So hat John Gray, einer der klarsichtigsten Analytiker der Wurzeln der gegenwärtigen weltweiten Instabilität, im Vorwort zur Neuauflage (2009) seines Buches *False Dawn: The Delusions of Global Capitalism* beobachtet, als es sich fragte, warum es dem jüngsten ökonomischen Zusammenbruch nicht gelungen ist, die internationale Zusammenarbeit zu verstärken, sondern er stattdessen zentrifugale Zwänge freigesetzt hat, „dass die Regierungen zu den Opfern der Krise gehören und die Logik ihrer Handlungen, ihre Bürger zu schützen, größere Unsicherheit von allen" bedeutet. Und das ist deshalb so, weil „die schlimmsten Bedrohungen der Menschheit ihrer Natur nach global sind", während „es keinerlei Aussicht gibt, dass irgendeine effektive globale Regierung mit ihnen fertig wird."

Tatsächlich sind unsere Probleme global erzeugt, während die Instrumente des politischen Handelns, die uns von den Erbauern der Nationalstaaten vermacht worden sind, auf das Maß von Dienstleistungen zugeschnitten sind, die territoriale Nationalstaaten erforderten. Sie erweisen sich deshalb als in einzigartiger Weise ungeeignet, wenn es darum geht, mit globalen Herausforderungen fertig zu werden. Für uns, die wir weiterhin im Schatten des Anspruchs auf staatliche territoriale Souveränität leben, sind sie gleichwohl die einzigen Instrumente, die wir uns vorstellen können und bei denen wir im Augenblick der Krise Zuflucht zu suchen geneigt sind, trotz ihrer krassen Unzulänglichkeit, territoriale Souveränität zu sichern, die Bedingung *sine qua non* der praktischen Lebensfähigkeit jenes Friedens. Das weithin beobachtete und voraussagbare Ergebnis ist die Frustration, die dadurch verursacht und durch die wechselseitige Unzulänglichkeit der Mittel für die Ziele zwangsläufig genährt wird.

Kurz gesagt: Unsere gegenwärtige Krise ist zunächst und vor allem eine *Krise des Handelns* – obgleich sie in letzter Instanz eine *Krise der territorialen Souveränität* ist. Jede formal souveräne territoriale Einheit kann heutzutage als Müllkippe für Probleme dienen, deren Ursprung weit jenseits der Reichweite ihrer Instrumente politischer Kontrolle liegt – und es ist ziemlich wenig, was sie tun kann, um diese einzudämmen, geschweige denn ihnen zuvorzukommen, wenn man die Reichweite der Macht erwägt, die ihr zur Verfügung steht.

Einige formell souveräne Einheiten, ja eine wachsende Anzahl von ihnen, sind in der Praxis auf den Rang von lokalen Polizeirevieren herabgesunken, die sich bemühen, ein Quäntchen an Recht und Ordnung zu sichern, das notwendig ist für den Verkehr, dessen Kommen und Gehen sie weder beabsichtigen noch kontrollieren können. Wie groß auch immer die Distanz zwischen ihrer Souveränität *de jure* und ihrer Souveränität *de facto* sein mag – gleichwohl sind sie alle gezwungen, *lokale* Lösungen für *global* erzeugte Problemen zu finden – eine Aufgabe, die weit über die Fähigkeit aller hinausgeht, vielleicht mit Ausnahme einer Handvoll der reichsten und erfinderischsten unter ihnen.

Die Europäer, wie die meisten anderen Bewohner des Planeten, sehen sich gegenwärtig der Krise der „Politik, wie wir sie kennen", gegenüber, während sie mit aller Kraft versuchen, lokale Lösungen für globale Herausforderungen zu finden oder zu suchen. Sie finden, dass die gegenwärtig entwickelten Methoden, Dinge zu tun, nicht wirklich funktionieren, während alternative und effektive Weisen, Dinge zu erledigen, noch nirgends in Sicht sind (eine Situation, die von dem großen italienischen Philosophen Antonio Gramsci als Zustand des „Interregnums" bezeichnet worden ist – das heißt, einer Zeit, in der das Alte schon tot ist oder im Sterben liegt, das Neue aber noch nicht geboren ist). Ihre Regierungen, wie so viele andere außerhalb Europas, befinden sich in einer „Doppelbindung". Freilich anders als im Fall der meisten anderen Bewohner des Planeten ist die Welt der Europäer ein drei-, nicht ein zweistöckiges Gebäude. Zwischen den globalen Mächten und der nationalen Politik gibt es die Europäische Union. Dieses Eindringen eines „vermittelnden Gliedes" in die Kette der Abhängigkeiten trübt die ansonsten klare Trennung vom Typ „wir-und-sie". Auf welcher Seite steht die Europäische Union? Ist sie Teil „unserer" (autonomen) Politik oder „ihrer" (heteronomen) Macht? Von einer Seite aus gesehen erscheint diese Union als Schutzschild, der das Aggregat individueller Staaten, von denen viele zu schwach und zu winzig sind, als dass sie davon träumen könnten, den strengen Anforderungen an eine souveräne Existenz zu genügen, vor den schlimmsten Exzessen der ungezügelten und skrupellosen globalen Mächte schützt. Von der anderen Seite aus gesehen erscheint die Union als eine Art Fünfter Kolonne ebenderselben globalen Mächte, als ein Satrap fremder Eindringlinge, „ein innerer Feind" – und alles in allem als eine Vorhut von Kräften, die sich verschworen haben, die Chancen der Nation wie des Staates auf Souveränität zu untergraben und letztlich null und nichtig zu machen: eine Wahrnehmung, die von den Sirenenstimmen der Neonationalisten ebenso skrupellos wie doppelzüngig als Heilung für die Krankheiten ausgebeutet wird, zu deren Ursachen ihre Realität gehört.

Europa ist heutzutage, genau wie der Rest des Planeten, eine Müllkippe für die global erzeugten Probleme und Herausforderungen. Aber anders als jener Rest des Planeten und darin beinahe einzigartig ist die Europäische Union ebenso ein Laboratorium, in dem die Methoden, diesen Herausforderungen zu begegnen und die Probleme in Angriff zu nehmen, tagtäglich geplant, debattiert und in der Praxis getestet werden. Ich würde so weit gehen zu behaupten, dass dies ein (vielleicht der einzige) Faktor ist, der Europa, seine Mitgift und seinen Beitrag zu Angelegenheiten der Welt, exklusiv bedeutsam für die Zukunft des Planeten macht, der sich mit der Aussicht auf eine zweite schöpferische Transformation in der Geschichte des menschlichen Zusammenlebens konfrontiert sieht – dieses Mal auf den überwältigend mühsamen Sprung von den „vorgestellten Totalitäten"* der Nationalstaaten zur „vorgestellten Totalität" der Menschheit. In diesem Prozess, der noch in seiner anfänglichen und frühreifen Phase steckt, aber einfach voranschreiten muss, wenn der Planet und seine Bewohner überleben sollen, hat die Europäische Union eine gute Chance, die kombinierten/verschmolzenen Aufgaben einer Forschungsexpedition, einer Mittelstation und eines vorgerückten Außenpostens zu erfüllen. Eine große Chance, obgleich keine leichte Aufgabe und ohne jede Erfolgsgarantie; zumal dazu verurteilt, den meisten anderen Europäern gegenüberzutreten, den *hoi polloi* ebenso wie ihren gewählten politischen Führern, mit einer Menge Reibung zwischen konfligierenden Prioritäten und schweren Entscheidungen.

Vielleicht war die Idee Europa eine Utopie und bleibt es ... Aber sie war und bleibt eine *aktive* Utopie, die darum kämpft, die andernfalls unverbundenen und in viele Richtungen weisenden Aktionen zu verschmelzen und zu konsolidieren. Als wie aktiv sich die Utopie letztlich herausstellen wird, wird schließlich von ihren Akteuren abhängen.

Bei der Untersuchung der schicksalhaften Trennungen, die in Europa vor drei Jahrhunderten stattfanden, hat sich der herausragende deutsche Ideengeschichtler Reinhart Koselleck einer Metapher bedient, das Ersteigen eines bislang noch nicht auf Karten verzeichneten und unerreichten Bergpasses. Aber während man versucht, den Pass ganz oben zu erreichen, kann man nur raten, welche Aussicht sich einem eröffnen wird, sobald (wenn überhaupt) man schließlich dort ankommt. Alles, was man bis dahin mit Sicherheit weiß, ist, dass man, solange man braucht, um den Gipfel jenes steilen Hanges zu erreichen, weiterklettern muss; man kann nicht anhalten und sich niederlassen, Zelte aufbauen und ausruhen: Der erste Windstoß würde die Zelte wegwehen, der nächste Regenguss würde sie wegspülen. Selbst ohne Sturm

---

* [A. d. Ü.: Ein Begriff, der von E. Hobsbawm stammt.]

oder Flut: Mitten auf einem solchen Hang unbeweglich stillzustehen fühlt sich äußerst unbehaglich an; ein Blick in den Abgrund unter einem, den man hinter sich gelassen hat, in den man aber zurückfallen kann, wenn man nur einen falschen Schritt tut, wird einen unerträglichen Schwindel verursachen ... So klettert man weiter – bis zu jenem Unbekannten, von dem man sich die Rettung von den Schrecken erhofft, die man kennt ...

Dies ist eine passende Metapher dafür, wie wir uns fühlen – wir, die Europäer des 21. Jahrhunderts, eingespannt zwischen eine Vergangenheit voller Schrecken und eine ferne Höhe voller Risiken. Wir können nicht wissen, welche Erfahrungen wir, einmal dort angelangt, machen werden. Aber wir wissen, dass wir nicht die Option haben, jetzt anzuhalten und Stillschweigen zu bewahren. Obwohl wir auch nicht aufhören können zu spekulieren, was wir sehen und fühlen werden, sobald wir einmal den Pass erreichen ...

Gegenwärtig haben alle Lösungen, denen wir zustimmen, wenn wir ständig neuen Herausforderungen und Meinungsverschiedenheiten gegenüberstehen, einen Anschein von Vorläufigkeit. Sie scheinen nur „bis auf Weiteres" zu gelten, und allzu oft erweist sich dies auch als richtig, mit einer eingebauten Ungültigkeitsklausel – genau wie unsere Trennungen und Koalitionen *ad hoc*, zerbrechlich und halbherzig sind. Noch ärger: Wir finden es schwierig, aus unseren vergangenen Unternehmungen eine vernünftige Geschichte zu machen – unsere Agenda wechselt ständig, und unsere Aufmerksamkeit ist allzu unstet, um eine solche Geschichte zu erzählen. So klang es etwas sorgenvoll, als die hoch angesehene *Radio Times* anlässlich der Ausstrahlung einer neuen ITV-Serie zu Gegenwartsproblemen äußerte: „Eine neue Monatszeitschrift, die versucht, internationale Nachrichten etwas gründlicher zu behandeln, muss eine gute Sache sein. Das Problem ist nur: Die Nachrichtenagenda verändert sich schnell, und wenn die Schlagzeilen von der Ukraine, Syrien und China beherrscht werden, sieht es wie eine verpasste Gelegenheit aus, wenn sich die erste Ausgabe mit Ruanda, Colorado und Norwegen befasst ..."

Gleichwohl: In *Le Monde* vom 2. Februar 2014 präsentiert Nicolas Truong unter Bezugnahme auf die Ansichten, die vor allem von Daniel Cohn-Bendit bzw. von Alain Finkielkraut geäußert werden, zwei entgegengesetzte Szenarien für die Zukunft unseres, der Europäer, Zusammenleben: die beiden einzigen Szenarien, die zur Wahl stehen, da keine anderen realistisch oder auch nur denkbar sind. Cohn-Bendit veröffentlichte in Kooperation mit Guy Verhofstadt ein Manifest „Debout Europe!", in dem er empfiehlt, die Schnellspur aus dem Mythos der nationalstaatlichen territorialen Souveränität heraus und über ihn hinweg zu einer mit dem Siegel der „europäischen Identität" versehenen europäischen Föderation zu nehmen, die allerdings erst noch geduldig und konsequent konstruiert werden müsse. Finkielkraut ist nicht weniger fest davon überzeugt, dass die Zukunft Europas in einer solchen Einheit liegt – glaubt aber, dass dies eine Einheit (Kohabitation? Kooperation? Solidarität?) aus nationalen Identitäten sein müsse. Finkielkraut erinnert an Milan Kunderas Beharren darauf, dass Europa in seinen Errungenschaften, Landschaften, Städten und Monumenten verkörpert ist; Cohn-Bendit beschwört die Autorität von Jürgen Habermas, Hannah Arendt und Ulrich Beck, vereint wie sie sind in ihrer Opposition gegen den Nationalismus. Dies sind, logisch gesprochen, die beiden Pfade, die von dem Ort wegführen, an dem wir uns kollektiv am Vorabend der europäischen Parlamentswahlen befinden. Vielleicht weisen sie in entgegengesetzte Richtungen, obwohl sie vielleicht keineswegs so unversöhnlich sind wie ihre Fürsprecher versichern ...

Ohne Zweifel: Die gegenwärtige institutionelle Struktur der Europäischen Union, so inkohärent sie auch sein mag, mit der Strategie ohne Politik, die in Brüssel gemacht wird, im Gegensatz zu der Politik ohne Strategie, für welche die Europäische Union bekannt ist, und mit einem Parlament mit viel Gerede und wenig Macht – eine Struktur, die langfristig nicht bestehen kann und nach einer gründlichen Überarbeitung schreit – nährt gleichzeitig beide oben erwähnten Tendenzen.

Vor achtzig Jahren warnte Edmund Husserl – wie uns Nicolas Truong erinnert – : „Die größte Gefahr, die Europa droht, ist seine Trägheit." Die Zeit schreitet voran, aber Warnungen altern nicht. Die Zeit, sie als überholt zu ignorieren, ist noch nicht gekommen. Es ist auch nicht wahrscheinlich, dass sie in absehbarer Zukunft kommt.

1. EIN ABENTEUER NAMENS „EUROPA"

Als Zeus in Gestalt eines Stiers Prinzessin Europa entführt hatte, sandte ihr Vater Agenor, der König von Tyrus, seine Söhne auf die Suche nach seiner verlorenen Tochter. Einer von ihnen, Kadmos, segelte nach Rhodos, landete in Thrakien und machte sich auf, die Länder zu erkunden, die später den Namen seiner unglücklichen Schwester annehmen sollten. In Delphi fragte er das Orakel nach dem Aufenthaltsort seiner Schwester. In diesem speziellen Punkt antwortete Pythia, wie gewohnt, ausweichend – aber sie gab Kadmos folgenden Rat: „Du wirst sie nicht finden. Verschaffe dir lieber eine Kuh, folge ihr und treibe sie vorwärts, gib ihr keine Ruhe; an der Stelle, wo sie vor Erschöpfung niedersinkt, baue eine Stadt." So wurde, dieser Erzählung zufolge, Theben erbaut (und so – wie wir, im Nachhinein klüger, beobachten wollen – wurde eine Reihe von Ereignissen in Gang gesetzt, die Euripides und Sophokles als das Garn diente, aus dem sie die europäische Idee des Rechts spannen, die Ödipus befähigte, das zu praktizieren, was der gemeinsame Rahmen für Charakter, Qualen und Lebensdramen der Europäer werden sollte). „Europa suchen", kommentiert Denis de Rougemont die Lektion Kadmos', „heißt es schaffen." „Europa besteht durch seine Suche nach dem Unendlichen, und eben das nenne ich *Abenteuer*."[1]

Abenteuer? Seiner Etymologie nach bedeutete das Wort ursprünglich Begebenheit, gewagtes Beginnen mit ungewissem Ausgang, Schicksal – etwas, was ohne Plan geschieht, Chance, Zufall, Glücksfall. Es bezeichnete ein Ereignis, das mit Gefahr oder drohendem Verlust verbunden war; Risiko, Wagnis, riskante Unternehmung oder glücklose Verrichtung. Später, unseren modernen Zeiten näher, erhielt „Abenteuer" den Sinn: seine Chancen auf die Probe stellen, Wagnis oder Experiment – ein neuartiges oder aufregendes Unternehmen, das bislang unerprobt war. Gleichzeitig entstand eine Ableitung: der *Abenteurer* – ein höchst ambivalentes Nomen, das in einem Atemzug von blindem Schicksal und Schläue, von Geschicklichkeit und Vorsicht, von Ziellosigkeit und Entschlossenheit raunt. Wir können annehmen, dass die Bedeutungsveränderungen dem Reifeprozess des europäischen Geistes folgten: dass dieser sich mit seinem eigenen „Wesen" abfand.

Die Sage von Kadmos' Reisen war übrigens nicht die einzige antike Geschichte, die eine solche Botschaft überbrachte; weit gefehlt. In einer anderen Geschichte setzten die Phönizier Segel, um den mythischen Kontinent zu finden, und ergriffen Besitz von der geographischen Realität, die einmal Europa werden sollte. Nach einer weiteren Geschichte sandte Noah nach der Sintflut, als er die Welt unter seine drei Söhne aufteilte, Jafet (nebenbei bemerkt: im Hebräischen „Schönheit") nach Europa, um dort Gottes Versprechen/Gebot „Seid fruchtbar und vermehret euch; bevölkert die Erde und vermehrt euch auf ihr" (Genesis 9,7) zu befolgen. Er stattete ihn mit Waffen aus und ermutigte ihn mit dem Versprechen unendlicher Expansion: „Raum schaffe Gott für Jafet" (Genesis 9,27), „dilatatio" nach der Vulgata und den Kirchenvätern. Die Kommentatoren der biblischen Botschaft weisen darauf hin, dass Noah bei der Instruktion seiner Söhne einzig auf Jafets Tugend und Fleiß gebaut haben müsse, da er ihn mit keinem anderen Werkzeug des Erfolgs ausstattete.

Alle diese Geschichten durchzieht ein gemeinsamer Faden: Europa ist nicht etwas, das man entdeckt; Europa ist etwas, das gemacht, geschaffen, gebaut werden muss. Und es bedarf einer Menge an Einfallsreichtum, Zielstrebigkeit und harter Arbeit, um diese Mission zu erfüllen. Vielleicht eine Arbeit, die niemals endet, eine Herausforderung, der man sich immer erst noch ganz stellen muss, eine Erwartung, deren Erfüllung immer noch aussteht.

Die Erzählungen unterscheiden sich voneinander, aber in allen war Europa ausnahmslos ein Ort des Abenteuers. Abenteuer wie die endlosen Reisen, die unternommen wurden, um es zu entdecken, zu erfinden oder zu beschwören, Reisen wie diejenigen, welche das Leben des Odysseus ausfüllten. Ihm widerstrebte es, zu der langweiligen Sicherheit seines heimischen Ithaka zurückzukehren, da ihn unbekannte Risiken stärker reizten als die Bequemlichkeiten des Familienalltags, und er wurde (vielleicht aus diesem Grunde) als Vorläufer, Vorvater oder Prototyp des Europäers gerühmt. Europäer waren die Abenteurer unter den Liebhabern von Frieden und Ruhe, zwanghafte und unermüdliche Wanderer unter Scheuen und Sesshaften, Landstreicher und Stromer unter denen, die ihr Leben lieber in einer Welt verbringen wollten, das am äußersten Dorfzaun endet.

Es gibt eine alte, bislang nicht beigelegte Debatte: Hatte H. G. Wells – forschender und einsichtsvoller Beobachter, der er war – recht, als er behauptete: „Im Land der Blinden ist der Einäugige König"? Oder ist es eher so, dass in einem Land von Blinden der Einäugige nur ein Ungeheuer sein kann, eine finstere Kreatur, gefürchtet von allen „normalen" Landbewohnern? Aller Wahrscheinlichkeit nach wird diese Debatte ungelöst bleiben, da die Argumente auf beiden Seiten schwer wiegen und jede Seite auf ihre Weise überzeugend ist. Es muss freilich darauf hingewiesen werden, dass beide Antagonisten in der Debatte ein „Entweder-oder" unterstellen, wo es keines gibt. Eine in ihrem verbalen Duell verloren gegangene Möglichkeit ist eine „Und-und"-Situation: dass der Einäugige *sowohl* König *wie* Ungeheuer ist (gewiss kein seltenes Ereignis in der vergangenen und gegenwärtigen Geschichte). Geliebt *und* gehasst. Begehrt *und* verpönt. Respektiert *und* beschimpft. Ein verehrungswürdiges Idol *und* ein bis zum letzten Atemzug zu bekämpfender Satan – bei einigen Gelegenheiten gleichzeitig, zu anderen Zeiten in schneller Abfolge. Es gibt Situationen, in denen der selbstsichere einäugige König ungerührt die wenigen Monsterjäger, Lästerer und Untergangspropheten, die aus der Wildnis rufen, ignorieren und als belanglos abtun kann. Es gibt freilich andere Zeiten, zu denen das einäugige Monster am liebsten auf seine königlichen Ansprüche samt königlichen Vorrechten und Pflichten verzichten, Schutz suchen und die Tür hinter sich schließen würde. Aber vielleicht steht es auch nicht in der Macht des Einäugigen und sicher nicht allein in seiner Macht, zwischen Königswürde und Monstrosität zu wählen – wie der europäische Abenteurer aus seinen eigenen stürmischen Abenteuern gelernt hat und zu seiner Verblüffung oder Verzweiflung immer noch lernt.

Mehr als zwei Jahrtausende sind vergangen, seit die Erzählungen vom Ursprung Europas, die europaschaffenden Erzählungen verfasst wurden. Die Reise, die als Abenteuer begonnen und fortgeführt wurde, hat eine dicke und schwere Schicht von Stolz und Scham, von Leistung und Schuld hinterlassen; und sie hat lange genug gedauert, um die Träume und Ambitionen zu Stereotypen gerinnen zu lassen, die Stereotypen zu „Wesenheiten" erstarren und die Wesenheiten zu „Tatsachen" verknöchern zu lassen, die als genauso hart wie alle sonstigen Tatsachen gelten. Dementsprechend wird erwartet, dass Europa, trotz allem, was es zu dem gemacht hat, was es geworden ist, eine Realität ist, die verortet, inventarisiert und abgeheftet werden könnte (sollte?). In einem Zeitalter der Territorialität und territorialen Souveränität gelten alle Realitäten als räumlich definiert und territorial fixiert – und Europa ist keine Ausnahme, so wenig wie der „europäische Charakter" und die „Europäer" selbst.

Aleksander Wat, ein bemerkenswerter polnischer Avantgarde-Dichter, der zwischen den revolutionären Barrikaden und den Gulags hin und her geschleppt wurde, die zu seinen Lebzeiten über den Kontinent Europa verstreut waren, und der reichlich Gelegenheit gehabt hatte, die süßen Träume und das bittere Erwachen des vergangenen Jahrhunderts –

bekannt für seinen Reichtum an Hoffnungen und das Elend seiner Frustrationen – bis zur Neige auszukosten, musterte die Schatzkisten und Mülleimer seines Gedächtnisses, um das Geheimnis des „europäischen Charakters" zu lösen. Wie wäre ein „typischer Europäer"? Und er antwortete: „Feinfühlig, empfindlich, gebildet, jemand, der sein Wort nicht bricht, der dem Hungrigen nicht sein letztes Stück Brot stiehlt und der seine Zellengenossen nicht an den Wärter verrät …" Und dann, nach längerem Nachdenken, fügte er hinzu: „Ich habe einen solchen Menschen getroffen. Er war Armenier."

Man kann über Wats Definition „des Europäers" streiten (schließlich liegt es im Charakter der Europäer, sich ihres wahren Charakters nicht sicher zu sein, verschiedene Meinungen zu haben und endlos darüber zu streiten), aber man würde, wie ich vermute und hoffe, wohl kaum die beiden Behauptungen bestreiten, die in Wats moralischer Geschichte enthalten sind. Erstens, das „Wesen Europas" neigt dazu, dem „real existierenden Europa" vorauszugehen: Es ist das „Wesen des Europäerseins", ein Wesen zu haben, das der Realität immer voraus ist, und es ist das Wesen der europäischen Realitäten, dem Wesen Europas immer hinterher zu sein. Zweitens: Während das „wirklich existierende Europa", das Europa der Politiker, der Kartographen und all seiner ernannten oder selbsternannten Sprecher ein geographischer Begriff und ein räumlich begrenztes Gebilde sein mag, ist doch das „Wesen" Europas weder das erste noch das zweite. Man ist nicht notwendig Europäer einfach nur deshalb, weil man zufällig in einer Stadt geboren ist oder wohnt, die auf der politischen Karte Europas verzeichnet ist. Aber man kann Europäer sein, selbst wenn man niemals in einer seiner Städte gewesen ist.

Jorge Luis Borges, einer der herausragendsten unter den großen Europäern in jedem Sinn außer dem geographischen, schrieb von der „Verwirrung", die zwangsläufig immer dann entstehe, wenn die „absurde Zufälligkeit" einer Identität erwogen wird, die an einen bestimmten Raum und eine bestimmte Zeit gefesselt ist, woraus sich unweigerlich ergebe, dass sie eher einer Fiktion gleiche als allem, was wir für „Realität" halten.² Dies mag eine universale Eigenschaft aller Identitäten sein, die auf die Tatsache der Erblichkeit und Zugehörigkeit zurückgeführt werden, aber im Fall der „europäischen Identität" ist dieser Zug, diese „absurde Zufälligkeit" vielleicht auffälliger und verwirrender als in den meisten Fällen. Alex Warleigh fasste kürzlich die gegenwärtige Verwirrung bei allen Versuchen, die europäische Identität zu erfassen, in der Bemerkung zusammen, dass die Europäer (im Sinne der nationalen EU-Mitgliedsstaaten) „eher dazu neigen, ihre Verschiedenheit zu betonen als das, was sie gemeinsam haben", während dann, „wenn man von einer „europäischen Identität" redet, es nicht mehr länger möglich ist, deren Umfang in einer analytisch vernünftigen Weise auf EU-Mitglieder zu beschränken."³ Und wie Norman Davies, ein brillanter Historiker, betont, ist es zu allen Zeiten schwierig gewesen zu entscheiden, wo Europa beginnt und wo es endet – geographisch, kulturell oder ethnisch. Nichts hat sich in dieser Hinsicht gegenwärtig geändert. Die einzige Neuigkeit ist die schnell wachsende Anzahl von ständigen und von *ad-hoc*-Kommissionen, akademischen Kongressen und anderen öffentlichen Zusammenkünften, die sich ausschließlich – oder doch beinahe ausschließlich – der Quadratur dieses besonderen Kreises widmen.

Wann immer wir das Wort „Europa" hören, ist uns nicht unmittelbar klar, ob es sich auf die beschränkte, an den Boden gebundene territoriale Realität bezieht, innerhalb der festen und sorgfältig gezogenen Grenzen von bislang nicht widerrufenen politischen Verträgen und Gesetzestexten – oder auf das freischwebende Wesen, das keine Grenzen kennt und allen räumlichen Bindungen und Grenzen trotzt. Und eben diese Schwierigkeit, ja Unmöglichkeit, von Europa zu sprechen, während man die Frage des Wesens und die Tatsachen der Realität klar und sauber voneinander trennt, unterscheidet das Sprechen von Europa von dem gewöhnlichen Sprechen über Gebilde mit geographischen Bezugspunkten.

Die quälende Unfassbarkeit und die störrische Extraterritorialität des „Wesens" schwächen und untergraben die solide Territorialität der europäischen Realitäten. Das geographische Europa hatte niemals feste Grenzen, und es ist unwahrscheinlich, dass es sie jemals erwirbt, solange das „Wesen" weiterhin wie bisher freischwebend und, wenn überhaupt, nur locker an irgendeine besondere Stelle im Raum gebunden ist. Und sooft auch die Staaten Europas versuchen, ihre gemeinsamen „kontinentalen" Grenzen festzulegen, und schwer bewaffnete Grenzwachen sowie Einwanderungs- und Zollbeamte anheuern, um sie abzusichern, so gelingt es ihnen doch niemals, sie zu versiegeln, sie dicht und undurchlässig zu machen. Jede Linie, die Europa einkreist, wird eine Herausforderung für den Rest des Planeten darstellen und eine ständige Einladung, sie zu überschreiten.

Europa als Ideal (nennen wir es Europäismus) trotzt einem monopolistischen Besitzanspruch. Es kann dem „Anderen" nicht verwehrt werden, da es das Phänomen der „Andersheit" verkörpert: In der Praxis des Europäismus wird die ewige Anstrengung, zu trennen, zu vertreiben und zu externalisieren, ständig vereitelt durch das Hineinziehen, das Zulassen, die Akkommodation und Assimilation des „Externen". Hans-Georg Gadamer sah dies als den „besonderen Vorzug" Europas an: seine Fähigkeit, „mit dem anderen [zu] leben, als der Andere des Anderen [zu] leben", die Fähigkeit und Notwendigkeit zu „lernen, mit anderen zu leben, auch wenn die anderen anders sind". „Wir sind alle Andere, und wir sind alle wir selbst." Das europäische Leben wird in der ständigen Gegenwart und in der Gesellschaft der Anderen und Verschiedenen geführt, und die europäische Lebensform ist eine ständige Unterhandlung, die weitergeht trotz der

Andersheit und Verschiedenheit, die alle trennt, die an dieser Verhandlung beteiligt sind.[4]

Vielleicht ist Europa aufgrund einer solchen Internalisierung des Unterschieds, die seine Lage kennzeichnet, zur Geburtsstätte einer (wie es Krzystof Pomian denkwürdig formuliert hat) *transgressiven* Zivilisation geworden – einer Zivilisation der Überschreitung (und *vice versa*).[5] Wir können vielleicht sagen, dass diese Zivilisation oder Kultur, gemessen an ihren Horizonten und Ambitionen (wenngleich nicht immer an ihren Taten), eine Lebensform war und bleibt, die gegen Grenzen *allergisch* ist – ja, gegen alle *Festigkeit* und *Begrenztheit*. Sie erträgt Grenzen nur schlecht; es ist, als ob sie Grenzen nur zöge, um ihren unkontrollierbaren Drang zur Grenzüberschreitung aufs Korn zu nehmen. Es ist eine an sich expansive Kultur – eine Eigenschaft, die eng mit der Tatsache verbunden ist, dass Europa Ort des einzigen sozialen Gebildes war, das außer eine Zivilisation zu *sein, sich selbst „Zivilisation" genannt* und als Zivilisation gesehen hat, das heißt als ein Produkt der Wahl, des Entwurfs und der Planung. Dadurch gab es der Gesamtheit aller Dinge, einschließlich seiner selbst, eine neue Form als ein prinzipiell unvollendetes Objekt, ein Objekt der genauen Prüfung, der Kritik und möglicherweise einer Hilfsaktion. In ihrer europäischen Fassung ist „Zivilisation" (oder „Kultur", ein Begriff, der trotz der subtilen Argumente von Philosophen und der weniger subtilen Anstrengungen nationalistischer Politiker schwer von dem der „Zivilisation" zu trennen ist) ein kontinuierlicher Prozess – ewig unvollkommen, aber beharrlich nach Perfektion strebend –, *die Welt neu zu machen*. Selbst wenn der Prozess im Namen der Bewahrung abläuft, so ist doch die hoffnungslose Unfähigkeit der Dinge, so zu bleiben, wie sie sind, und ihre Gewohnheit, erfolgreich aller ungebührlichen Pfuscherei zu trotzen (außer wenn an ihnen gebührend herumgepfuscht wird), die gemeinsame Prämisse aller Bewahrung. Er wird, auch von Konservativen, als Job angesehen, der erledigt werden muss, und in der Tat ist diese Annahme der primäre Grund dafür, diesen Job als Job anzusehen, der erledigt werden muss.

Um eine witzige Bemerkung von Hector Hugh Munro (Saki) zu paraphrasieren, könnten wir sagen, dass die Völker Europas mehr Geschichte gemacht haben, als sie vor Ort verbrauchen konnten. Soweit es die Geschichte betraf, war Europa entschieden ein Exportland mit einer (bis in die jüngste Zeit) beständig positiven Außenhandelsbilanz.

Die Behauptung, jede menschliche Gruppe habe eine „Kultur", ist banal, aber sie wäre nicht banal, hätte Europa nicht Kultur als eine Tätigkeit entdeckt, die von Menschen an der menschlichen Welt verrichtet wird. Es war jene Entdeckung, die (um Martin Heideggers denkwürdige Ausdrücke zu verwenden) die Totalität der menschlichen Welt aus den dunklen Weiten des Zuhandenen (das heißt des tatsächlich, routinemäßig und unproblematisch Gegebenen) herauszog und sie auf die hell erleuchtete Bühne des Vorhandenen (das heißt den Bereich der Dinge, die, um in die Hand zu passen, beobachtet, gehandhabt, in Angriff genommen, geknetet, geformt, verändert werden müssen) verpflanzte. Anders als das Universum des Zuhandenen, verbietet die Welt des Vorhandenen jeden Stillstand; sie ist eine ständige Einladung, ja ein Gebot zu handeln.

Sobald diese Entdeckung der Welt-als-Kultur einmal gemacht war, brauchte es nicht lange, bis sie zu Allgemeinwissen wurde. Sie war, können wir sagen, eine Art von Wissen, das als solches ungeeignet war, Privateigentum, geschweige denn ein Monopol zu sein, so sehr die Advokaten und Wächter der „intellektuellen Eigentumsrechte" dies auch versuchen mochten. Die Idee der Kultur stand schließlich für die Entdeckung, dass *alle Menschendinge von Menschen gemacht* waren und dass sie andernfalls keine Menschendinge wären. Ungeachtet dieses gemeinsamen Wissens waren die Beziehungen zwischen der europäischen Kultur, der einzigen Kultur der Selbstentdeckung, und all den anderen Kulturen des Planeten nichts weniger als symmetrisch.

Wie Denis de Rougemont es kurz und knapp ausgedrückt hat,[6] entdeckte Europa alle Länder der Erde, aber niemand hat jemals Europa entdeckt. Es beherrschte der Reihe nach jeden Kontinent, wurde aber seinerseits niemals von irgendeinem anderen beherrscht. Und es erfand eine Zivilisation, welche der Rest der Welt nachzuahmen versuchte oder nachzuahmen gezwungen wurde, während ein umgekehrter Prozess (auf jeden Fall bis jetzt) niemals stattgefunden hat. Dies alles sind „harte Tatsachen" einer Geschichte, die uns und den Rest des Planeten mit uns auf den Platz gebracht hat, den wir jetzt alle teilen. Man kann, macht Rougemont geltend, Europa durch seine „globalisierende Funktion" definieren. Europa mochte beharrlich und für lange Zeit ein uncharakteristisch abenteuerlicher Winkel des Globus gewesen ein – aber die Abenteuer, zu denen es sich in den mehr als zweitausend Jahren seiner Geschichte einschiffte, „erwiesen sich als entscheidend für die gesamte Menschheit". Man versuche nur einmal, sich eine Welt vorzustellen, in deren Geschichte Europa fehlt.

Goethe nannte die europäische Kultur *prometheisch*. Prometheus stahl den Göttern das Feuer und verriet auf diese Weise deren Geheimnis an die Menschen. Einmal den Händen der Götter entwunden, wurde das Feuer eifrig von sämtlichen menschlichen Haushalten gesucht und von denen, deren Suche erfolgreich war, triumphierend entfacht und am Brennen gehalten. Wäre das jedoch geschehen ohne die Schläue, Anmaßung und Tollkühnheit des Prometheus?

Diese entscheidenden Tatsachen der Geschichte werden heute gerne schamhaft verhehlt, und wenn man an sie erinnert, wird man häufig unverhohlen im Namen der gegenwärtigen

Version von „politischer Korrektheit" angegriffen. Was motiviert die Angreifer?

Unzweifelhaft ist es manchmal ein Gefühl von Unbehagen, verursacht durch die Leichtigkeit, mit der man allem Sprechen von Europas einzigartigen Qualitäten und seiner historischen Rolle die Sünde des „Europazentrismus" vorwerfen kann. Das ist in der Tat ein schwerer Vorwurf, aber er sollte sich gegen die Tendenzen Europas in der Vergangenheit richten, ein Selbstgespräch zu führen, wenn ein Dialog angezeigt gewesen wäre; gegen seine Neigung, sich die Autorität eines Lehrers anzumaßen und seinen Widerwillen gegen die Rolle des Lernenden; gegen den notorischen Missbrauch der militärischen und ökonomischen Überlegenheit Europas, die seine augenfällige jahrhundertelange Präsenz in der Weltgeschichte kennzeichnete; gegen die selbstherrliche Behandlung, die Europa anderen Formen des menschlichen Lebens zuteil werden ließ, und gegen seine Gleichgültigkeit gegenüber den Wünschen und Stimmen derer, die sie praktizierten; oder gegen die Gräueltaten, die unter dem Deckmantel der Zivilisierungsmission begangen wurden – aber nicht gegen eine nüchterne Einschätzung von Europas Funktion als Hefe und bewegender Geist in der langen, gewundenen und immer noch unvollendeten Vereinigung der Menschheit auf dem ganzen Planeten.

Es gibt Gründe zu vermuten, dass bei anderen Gelegenheiten das Motiv dafür, die europäische Einzigartigkeit zu leugnen, etwas weniger edel ist – veranlasst durch andere Beweggründe als zwar verspätete, doch gleichwohl heilsame Bescheidenheit oder Reue. Man darf eher einen bewussten oder, wahrscheinlicher noch, einen *unter*bewussten Drang unterstellen, unsere europäischen Hände von einigen unschönen Konsequenzen der europäischen Begabung reinzuwaschen – von Qualitäten, die dazu bestimmt waren, Europa zu einem Bestandteil eines „planetarischen Ferments" und einer intrinsisch expansiven und erweiterbaren Lebensform zu machen (siehe zum Beispiel eine jüngst erfolgte Intervention von Göran Therborn[7]); ein wenig schmeichelhafter Wunsch mit dem Ziel, die beschwerliche Befassung mit seiner Pflicht gegenüber dem Rest der Menschheit zu vermeiden – eine immer noch ausstehende Pflicht und ein moralischer Imperativ, der schärfer und zwingender ist als jemals in der Vergangenheit? Scham über eine abenteuerliche Vergangenheit oder die Schändlichkeit des expliziten oder impliziten Wunsches, einen Strich unter das europäische Abenteuer zu ziehen?

Es war nicht einfach nur Kultur, die sich als Europas Entdeckung/Erfindung erwies. Europa erfand auch das Bedürfnis und die Aufgabe, Kultur *zu kultivieren*.

Kultur, das sei noch einmal betont, ist eine unaufhörliche Aktivität, die Welt Stück für Stück aus der heiteren, aber schläfrigen Trägheit der *Zuhandenheit* herauszuziehen und sie in ein einzigartig menschliches Reich der *Vorhandenheit* zu verpflanzen – aus der Welt einen Gegenstand kritischer Forschung und kreativer Handlung zu machen. Diese Leistung wird immer aufs Neue täglich überall erbracht, wo Menschen leben; die ewige Wiedergeburt und Wiederverkörperung der Welt ist eben das, worin jegliche Form des In-der-Welt-Seins besteht.

Aber Europa ging einen Schritt weiter als der Rest der Menschheit im Allgemeinen – und tat diesen Schritt vor jedermann sonst; zugleich bahnte es durch diesen Schritt den Weg für alle anderen. Es vollzog dieselbe Übertragung von Zuhandenheit in Vorhandenheit auf zwei Ebenen: Es machte die Kultur selbst zum Gegenstand der Kultur … Zunächst war es „die Welt da draußen", die aus dem Halbschatten der Zuhandenheit in das Scheinwerfer- und Rampenlicht der Vorhandenheit übertragen wurde – aber danach wurde der Akt des Übertragens selbst einer solchen Operation unterzogen (wie Hegel sagen würde: Jene primäre

Übertragung wurde aus der Modalität des *an sich* in die des *für sich* gehoben). Es war die menschliche Weise des In-der-Welt-Seins selber, die als ein *vorhandenes* Objekt neu entworfen wurde, als ein in Angriff zu nehmendes Problem. Kultur – ebender Prozess der Produktion der menschlichen Welt – wurde zum Objekt der menschlichen theoretischen und praktischen Kritik und der nachfolgenden *Kultivierung*.

Erst Europa hat verkündet, dass „die Welt durch Kultur gemacht wird" – aber ebenso hat erst Europa entdeckt/ entschieden, dass, da Kultur von Menschen gemacht wird, Kultur zu machen ein menschlicher Job, eine menschliche *Bestimmung/Berufung/Aufgabe* ist – vielleicht sein sollte. Erst in Europa haben sich Menschen in eine gewisse Distanz zu ihrem eigenen Modus des In-der-Welt-Seins gesetzt und dadurch Autonomie gegenüber ihrer eigenen Form des Menschseins gewonnen. Wie Eduardo Lourenço, portugiesischer Schriftsteller und nacheinander Einwohner von Deutschland, Brasilien und Frankreich, beobachtet hat, ist die europäische Kultur vielleicht aus diesem Grund eine „Kultur der Ungewissheit" – eine „Kultur der Ruhelosigkeit, der Angst und des Zweifels",[8] eine Kultur des radikalen Widerstands gegen jegliche Form der Gewissheit; und es könnte kaum anders sein, da wir *wissen*, dass Kultur eine Art intellektueller und geistiger Praxis ist, die *keinerlei Grundlage* hat außer, wie Platon schon vor langer Zeit gezeigt hat, dem Dialog, den das Denken mit sich selbst führt. Aber das Ergebnis ist, dass wir, die Europäer, vielleicht das einzige Volk sind, das (als historische Subjekte und Akteure der Kultur) *keinerlei Identität* hat – keine bestimmte Identität oder keine, die als bestimmt gilt und angesehen wird: „Wir wissen nicht, wer wir sind" und noch weniger wissen wir, was wir noch werden können und was wir über uns noch lernen können. Der Drang zu *wissen* und/oder zu *werden*, was wir sind, lässt niemals nach noch wird jemals der Zweifel hinsichtlich dessen zerstreut, was wir noch werden können, wenn wir jenem Drang folgen. Europas Kultur ist eine Kultur, die keine Ruhe kennt: Es ist eine Kultur, die sich davon nährt, dass sie die Ordnung der Dinge in Frage stellt – und davon, dass sie die Art und Weise in Frage stellt, sie in Frage zu stellen.

Eine andere Art von Kultur, eine schweigende Kultur, eine Kultur, die gar nicht merkt, dass sie eine Kultur ist, eine Kultur, die das Wissen davon, eine Kultur zu sein, geheim hält, eine Kultur, die anonym oder unter einem angenommenen Namen auftritt, eine Kultur, die beharrlich ihre menschlichen Ursprünge verleugnet und sich hinter dem majestätischen Gebäude eines göttlichen Erlasses und eines himmlischen Tribunals verbirgt oder eine bedingungslose Kapitulation vor den unkontrollierbaren und undurchschaubaren Gesetzen der Geschichte unterzeichnet – eine solche Kultur mag eine Dienstmagd, eine Kraftstoffquelle und ein Reparaturladen sein, der dem gegenwärtigen Gewebe der menschlichen Interaktion namens „Gesellschaft" Dienste leistet. Die europäische Kultur freilich ist alles andere als schweigsam und sich selbst verleugnend – und aus diesem Grunde kann sie nur ein Dorn im Fleische der Gesellschaft sein, ein Stachel im Gesellschaftsleib, ein Pochen des Gewissens. Tag und Nacht zieht sie die Gesellschaft zur Rechenschaft, und die meiste Zeit über lässt sie sie auf der Anklagebank. Sie wird das „Ist" nicht als die Antwort auf das „Soll" nehmen – geschweige denn für eine endgültige Antwort.

Europa hat sich in diese Rolle eines Maßschneiders für das menschliche Universum eingeübt – indem es diese Aufgabe an sich selbst praktiziert. Aber sobald einmal die unwiderruflichen Urteile von Göttern oder der Natur als Trug entlarvt und das Schweigen und die Selbstverleugnung der Kultur – jeder Kultur – ihrer Plausibilität beraubt waren, hat es auch jeden andern Teil des menschlichen Universums bloßgelegt und verletzlich gemacht, jede andere Form des menschlichen Zusammenseins und jede andere Struktur menschlicher Interaktion. Wie Paul Valéry zu Beginn des letzten Jahrhunderts beobachtete (zu der Zeit, als Europa, auf dem Zenit seiner planetarischen Herrschaft, die ersten Umrisse eines Abhangs auf der anderen Seite des Gebirgspasses erblickte oder ahnte), reflektierte die „Europäisierung" der Welt Europas Drang, den Rest der Welt ohne jedes Schuldgefühl nach europäischen Zielen *neu zu schaffen*.

Die Neuschaffung der Welt nach europäischem Muster versprach allen die Freiheit der Selbstbehauptung, aber zu einem Preis, der höher war, als die meisten Objekte der Generalüberholung zu zahlen bereit waren. Von jedem, den sie auf ihren weltweiten Reisen antrafen, verlangten die Boten Europas das äußerste Opfer: das Aufgeben der Sicherheit, die auf monotoner Selbstreproduktion beruhte. Zutiefst beeindruckt von Michel de Montaignes Urteilsspruch, dass wir „in der Tat keine andere Messlatte für Wahrheit und Vernunft kennen als das Beispiel und Vorbilder der Meinungen und Gepflogenheiten des Landes, in dem wir leben"[9], machte Europa den Weg frei für Toleranz der Andersheit, während es gleichzeitig einen Zermürbungskrieg gegen jede andere Art von Andersheit oder Gleichheit führte, die außerstande war oder sich weigerte, diesen seinen Maßstäben zu genügen. Für Europa war der Rest des Planeten nicht ein Quelle von *Bedrohungen*, sondern ein Schatzhaus von *Herausforderungen*.

Viele Jahrhunderte lang war Europa ein rühriger Exporteur seines eigenen Überschusses an Geschichte, der den Rest des Planeten anregte/zwang, an seiner Konsumtion teilzuhaben. Diese langen Jahrhunderte eines einseitigen ungleichgewichtigen Handels schlagen nun auf Europa zurück und konfrontieren es mit der entmutigenden Aufgabe, den Überschuss der *planetarischen* Geschichte *vor Ort* zu verzehren.

Von Beginn des europäischen Abenteuers an, aber besonders während der jüngsten und am lebhaftesten erinnerten oder zumindest am häufigsten ins Gedächtnis zurückgerufenen

Jahrhunderte seiner Geschichte war der Planet für Europas ruhelose, furchtlose und abenteuerliche Geister der Spielplatz Europas. Diese Jahrhunderte sind in europäischen Geschichtsbüchern als das „Zeitalter der geographischen Entdeckungen" verzeichnet. *Europäische* Entdeckungen natürlich: von europäischen Boten und Abgesandten und zum Nutzen Europas.

Riesige Länder lagen dahingebreitet in der Erwartung, entdeckt zu werden. „Entdecken" bedeutete nicht einfach finden und auf den Seekarten verzeichnen. Es bedeutete, die Schätze bloßzulegen, die bis dahin träge, kaum genutzt oder missbraucht dalagen oder allerlei falsche, phantastische, unvernünftige Verwendungen gefunden hatten – Schätze, die an die Eingeborenen verschwendet waren, die keinerlei Vorstellungen von ihrem Wert besaßen, Adern von Reichtümern, die danach riefen, abgebaut zu werden –, und sie dann zu ernten und an andere Orten zu verlegen, wo sie einer besseren, sinnvollen Verwendung zugeführt werden konnten. Es bedeutet auch das Eröffnen riesiger, bislang verlassener oder stark vernachlässigter Räume für menschliche Besiedlung und produktive Verwendung.

Europa benötigte/wünschte beides – Reichtümer, um die leeren königlichen Schatztruhen aufzufüllen, und Länder, um Männer und Frauen unterzubringen, für deren physisches Überleben oder soziales Streben zu Hause nicht genügend Raum war. Die Erde war jenes Vakuum, das die Natur in ihrer krönenden, obersten europäischen Verkörperung verabscheute und mit kühnen, phantasievollen, geschäftstüchtigen, verbissenen und standfesten Männern zu füllen strebte, die wussten, was was war und wie man kostbare Metalle aus dem ursprünglichen Erz gewinnen konnte. Und es gab sogleich Menschen, die bereit waren, das Vakuum zu füllen – riesige, schnell wachsende Massen.

Tatsächlich war es so, dass, je wagemutiger und aufregender Europas Abenteuer zu Hause wurden, desto zahlreicher seine Kollateralschäden wurden. Es gab Menschen, die an den immer anspruchsvoller werdenden Prüfungen der Qualität, Angemessenheit und Relevanz scheiterten, es gab Leute, die aufgrund ihrer inhärenten Fehler für die Prüfung gar nicht erst in Frage kamen, und Menschen, die sich weigerten, die Prüfung anzutreten, weil ihnen die ausgesetzten Preise, die den Erfolgreichen winkten, gleichgültig waren oder die fürchteten, disqualifiziert zu werden, wie auch immer die Resultate aussehen mochten. Zum Glück für die „Untauglichen" und für diejenigen, die sich darum kümmerten, wie man sie loswerden konnte, gab es einen leeren Planeten oder einen Planeten, der leer *gemacht* oder als leer angesehen, behandelt und verwendet werden konnte. Ein Planet mit genügend leeren Räumen, auf denen Europas Probleme (und, am wichtigsten, die „Problemmenschen") abgelagert werden konnten.

Jetzt, am Ende des langen Tages, mag sehr wohl deutlich werden, dass das fortwährende Bedürfnis, sie abzulagern, eine der primären, vielleicht sogar die prinzipielle bewegende Kraft von Europas planetenweiter Expansion war – Europas „Globalisierungsmission".

Jahrhundertelang empfand Europa sich als König des Planeten und handelte als solcher. Inmitten der höfischen Pracht konnte das Unbehagen darüber, als Monster denunziert und als Muster an Verworfenheit hingestellt zu werden, als ein geringfügiges und vergängliches Ärgernis heruntergespielt und der Stumpfheit der auserwählten Begünstigten der königlichen Gnadenbeweise angelastet werden: ihrer Unfähigkeit, die Wohltaten zu würdigen, die die europäische Herrschaft in der Fülle der Zeiten zwangsläufig über die Beherrschten ausschütten würde. Europa bot die überlegene Lebensform – besser ausgestattet, sicherer, reicher, weniger riskant und würdevoller. Es bot die Vision einer Rechtsordnung, mit der verglichen alle anderen (Un)ordnungen einem Dschungel ähnelten. Europäische Eroberung war ein adelnder Akt, der die Unterworfenen auf die Höhe wahren Wissens und einer höheren Moralität führte. Zumindest Europa glaubte das.

Mit Ausnahme einiger weniger schwer zugänglicher Nischen ist der gesamte Planet nach dem Muster Europas neu geschaffen worden; er hat die transgressive Existenzweise, die Europa als Erstes beherzigt und dann bis in die fernsten Weiten des Globus verbreitet hat, entweder freiwillig angenommen oder sich ihr widerstrebend unterworfen. Gegen Ende des 20. Jahrhunderts war Europas Auftrag vollendet – obgleich nicht notwendig in der Form und mit den Ergebnissen, die sich die Propheten und Fürsprecher der „zivilisierten", menschenfreundlichen, friedlichen, anheimelnden und hospitablen Welt von Immanuel Kants *allgemeiner Vereinigung der Menschheit** oder der von den französischen *philosophes* verkündeten hellen Welt der *Lumières*, der Gerechtigkeit und Gleichheit, der Herrschaft des Rechts, der Vernunft und der menschlichen Solidarität erträumt hatten. Mehr als alles andere erwies sich der „wirklich erfüllte Auftrag" als die globale Ausbreitung eines zwanghaften, besessenen und süchtigen Ordnungs- und Neuordnungsdrangs (Deckname: Modernisierung) und als ein unwiderstehlicher Druck, die vergangenen und gegenwärtigen Lebensweisen herabzustufen und abzuwerten und den eigenen Lebensunterhalt dadurch zu gewinnen, dass man sie ihres Überlebenswertes und ihrer lebenserweiternden Fähigkeit entblößte (Deckname: ökonomischer Fortschritt): die beiden

---

* [A.d.Ü.: Deutsch i. O. Kant spricht von einer *vollkommenen bürgerlichen Vereinigung in der Menschengattung* (*Ideen zu einer allgemeinen Geschichte in weltbürgerlicher Absicht*, Satz 9); vom *allgemeinen Menschenstaat* (in: *Zum ewigen Frieden*, 2. Abschnitt). Dort auch von der *allgemeinen Hospitabilität (Wirtbarkeit)* (Dritter Definitivartikel zum ewigen Frieden)]

spécialités de la maison européenne, die für den üppigsten Nachschub an „menschlichem Abfall" verantwortlich waren. Heutzutage scheint die Wahl zwischen der Rolle des Königtums und der unglücklichen Situation des Monsters dem Abenteurer namens Europa aus den Händen geglitten (oder gerissen worden) zu sein, und keine der Kriegslisten, die es in seiner langen Laufbahn ausprobiert hat, scheint geeignet, sie zurückzugewinnen. Bei seinem Besuch in Poznań im Jahre 1997 rezitierte Wolf Lepenies eine lange Liste von Gründen für Europa, jenen „alten Kontinent in einer jungen Welt" (zu dem es, wie Goethe vorausgesagt hatte, unvermeidlich am fernen Ende seiner aufregenden und nützlichen, wenn auch zeitgebundenen Abenteuer werden würde), der doch vor kurzer Zeit noch so selbstsicher war, sich jetzt beschämt, verwirrt und immer furchtsamer zu fühlen.[10] Europa wird grauhaarig in einer Welt, die mit jedem Jahr jünger wird: Die Demographen sagen uns, dass in der gegenwärtigen Dekade die Zahl der Europäer unter zwanzig Jahren um elf Prozent fallen, während die Anzahl der über Sechzigjährigen um die Hälfte anwachsen wird. Wie es scheint, wird ein kleinerer Laib Brot unter einer größeren Anzahl von Essern aufzuteilen sein.

Die Gesamtentwicklung lässt der Phantasie nur wenig Raum: Deutschland, Großbritannien, Frankreich – vor Kurzem noch die wirtschaftlichen Riesen unter Zwergen – sind im Begriff, im Weltranking auf die 10. bzw. 19. und 20. Stelle abzusteigen. Gut möglich, dass sie zu den „neuen niedergehenden Ländern" (NDC, *new declining countries*) werden, zu Opfern des überschäumenden Wachstums und unaufhaltsamen Aufstiegs der 1. Version von NDCs (der neuen sich entwickelnden Länder, *new developing countries*) und von ihnen mit immer größerer Wucht die Leiter weiter und weiter abwärtsgestoßen bis zum Ende der Hackordnung. Nach der Prognose des Internationalen Währungsfonds (IWF) werden im Jahre 2010 drei europäische Länder aus der reichsten

Gruppe von sieben (Italien, Großbritannien und Frankreich) durch andere, jüngere wirtschaftliche Mächte ersetzt werden müssen, wenn sich die Veränderungen der wirtschaftlichen Stärke in der Zuteilung politischer Ehren widerspiegeln sollen.

Und „in dem Maße, wie sich die produktive Überlegenheit Europas verschlechtert", schließt Lepenies, „verblassen europäische Ideale unter anderen führenden intellektuellen Systemen". Nur wenig Trost lässt sich in dem Gedanken finden, dass die wunderbare und spektakuläre Transformation der Adressaten und passiven Objekte der „europäischen Mission" – bis vor Kurzem noch als mehr oder weniger überzählig angesehen im von Europa geschriebenen und auf der planetarischen Bühne produzierten Spiel – in tapfere, schwer arbeitende und vor allem überraschend talentierte und schöpferische Schauspieler ersten Ranges das Ergebnis von Europas erfülltem Auftrag sein könnten. Selbst wenn diese Transformation, zumindest teilweise, eine Leistung war, die *von* Europa vollbracht wurde, so stellt sie sich am Ende nicht als *für* Europa vollbracht heraus, und die Nutznießer räumen weder selber ein, zu Europa zu gehören, noch werden sie so eingestuft.

Zu seinem großen Kummer und seiner nicht geringeren Bestürzung entdeckt Europa eine Möglichkeit, ja die Wahrscheinlichkeit der „Modernisierung ohne Verwestlichung" (sprich: ohne „Europäisierung"); eine Perspektive, in der die selbsternannten Lehrer von ihren ehemaligen Schülern überholt und überboten werden, ohne dass ihre Lehren dankbar anerkannt würden. In der gegenwärtigen Literatur ist diese Mischung aus Verblüffung und Frustration „Krise der europäischen Identität" getauft worden. „Wir haben den Willen und die Fähigkeit zu einer langfristigen Orientierung verloren", klagt Lepenies. Und „nachdem wir die Fähigkeit verloren haben, langfristig zu denken …, haben die europäischen Eliten aufgehört, ein attraktives Vorbild für eine Nachfolge zu sein."

Eine weitere unerwartete, wenn auch retrospektiv kaum unvorhersagbare Folge des weltweiten Erfolgs des europäischen Mission: Die zuletzt „europäisierten" Teile des Globus sehen sich einem Phänomen gegenüber, das ihnen früher unbekannt war – einem „Bevölkerungsüberschuss" und den Problemen seiner Entsorgung, und das zu einer Zeit, da der Planet schon voll ist und keine „leeren Länder" mehr übrig sind, die als Abfallentsorgungsflächen dienen können. Weder benachbarte noch weit entfernte Länder sind in diesen Tagen bereit, den Überschuss aufzunehmen, noch lassen sie sich leichthin zwingen, ihn zu akzeptieren und unterzubringen, wie es mit ihnen selbst in der Vergangenheit geschehen ist. Den „Spätankömmlingen in der (europageborenen) Moderne" bleibt nur, in ihrem eigenen Saft zu schmoren und, verzweifelt und dennoch vergeblich, lokale Lösungen für global verursachte Probleme zu suchen.

Stammeskriege und Massaker, die starke Vermehrung von „Guerilla-Armeen" (oft wenig mehr als Räuberbanden in dürftiger Verkleidung), die eifrig damit beschäftigt sind, die jeweiligen Gegner zu dezimieren und dabei den „Bevölkerungsüberschuss" zu absorbieren und zu vernichten (zumeist perspektivlose Jugendliche, die zu Hause ohne Arbeit sind), stellen eine derartige „lokale Lösung eines globalen Problems" dar, wie sie die „Spätankömmlinge in der Moderne" zu entfalten neigen. Hundertausende von Menschen werden aus ihrer Heimat verjagt, ermordet oder gezwungen, aus ihren zerstörten und verwüsteten Ländern zu fliehen und um ihr Leben zu rennen. Die vielleicht blühendste Industrie in den Ländern der Spätankömmlinge (die tückisch und trügerisch „Entwicklungsländer" genannt werden) ist die Massenproduktion von Flüchtlingen. Sie ist das immer fruchtbarere Produkt jener Industrie, und der britische Premierminister nahm nur die im Rest eines aufgeschreckten und alarmierten Europas vorherrschenden Gefühle vorweg (oder sprach sie aus), als er vorschlug, die Flüchtlinge in Ländern abzuladen, die ihrer jeweiligen Heimat benachbart sind, in dauerhaft zeitweiligen Lagern (tückisch und trügerisch „sichere Häfen" genannt), um „lokale Probleme" lokaler Völker lokal zu halten und so alle Versuche von Spätankömmlingen im Keim zu ersticken, dem Beispiel der Pioniere der Moderne zu folgen, globale (und die einzigen wirksamen) Lösungen für lokal erzeugte Probleme zu suchen.

Die Anstrengungen der europäischen Regierungen, die Flut von „Wirtschaftseinwanderung" zu bremsen und scharf zu kontrollieren, sind, so ernsthaft sie auch betrieben werden, nicht erfolgreich und können wahrscheinlich auch nicht hundertprozentig erfolgreich gemacht werden. Lang andauerndes Elend treibt Millionen in die Verzweiflung und in einer Ära globalisierten Verbrechens kann man kaum erwarten, dass es einen Mangel an Dienstleistungen von Kriminellen gibt, die nur darauf aus sind, ein paar oder ein paar Millionen Dollar zu verdienen, indem sie von dieser Verzweiflung profitieren. Von daher rühren die Millionen von Migranten, die die Wege gehen, die einst von der Überschussbevölkerung gebahnt worden sind, die aus den europäischen Treibhäusern der Moderne entlassen wurden – nur in umgekehrter Richtung und (wenigstens bislang) nicht von den Armeen der *conquistadores*, Händler und Missionare unterstützt. Das volle Ausmaß jener Konsequenz und ihre vielfachen Auswirkungen müssen erst noch entwirrt, absorbiert, zur Kenntnis genommen und eingeschätzt werden.

Gegenwärtig scheinen Europa und seine überseeischen Sprösslinge/Außenposten (wie die Vereinigten Staaten oder Australien) nach einer Antwort auf ihnen unvertraute Probleme in ähnlich unvertrauten Strategien zu suchen, die kaum je in der europäischen Geschichte praktiziert worden sind; in Strategien, die eher nach innen als nach außen gerichtet sind, eher zentripetal als zentrifugal, eher implosiv als explosiv – wie Selbstbeschränkung, Rückzug auf sich selbst, Errichtung von Zäunen, die mit einem Netzwerk von Röntgenanlagen und Überwachungskameras ausgestattet sind, Einstellung von immer mehr Beamten in den Einwanderungsbüros und von immer mehr Grenzwachen außerhalb, Engerfassung der Einwanderungs- und Einbürgerungsgesetze, Unterbringung von Flüchtlingen in streng bewachten und isolierten Lagern und Zurückweisung von anderen, bevor sie eine Chance haben, Flüchtlings- oder Asylantenstatus zu beanspruchen – kurzum: Absicherung des eigenen Reichs gegen die Massen, die an die Türen klopfen, während sie wenig, wenn überhaupt etwas tun, um einen solchen Druck durch die Beseitigung seiner Ursachen zu mindern.

Naomi Klein hat eine noch stärkere und weiter verbreitete Tendenz (zuerst von der Europäischen Union eingeführt, aber schnell von den Vereinigten Staaten nachgeahmt) hin zu einer „vielschichtigen regionalen Festung" notiert:

> Eine kontinentale Festung ist ein Block von Nationen, die sich zusammenschließen, um sich günstige Handelsbedingungen von anderen Ländern zu sichern, während sie ihre gemeinsamen äußeren Grenzen bewachen, um Menschen aus diesen Ländern herauszuhalten. Aber wenn ein Kontinent es ernst damit meint, eine Festung zu sein, dann muss er auch ein oder zwei arme Länder in seine Mauern einladen, weil ja irgendjemand die Schmutz- und Schwerstarbeit tun muss.[11]

NAFTA, der um Kanada und Mexiko erweiterte US-Binnenmarkt wurde im Juli 2001 durch den „Plan Sur" ergänzt, demgemäß die mexikanische Regierung die Verantwortung für die massive Polizeiüberwachung ihrer südlichen Grenzen übernahm, um die Flutwelle des verarmten menschlichen Abfalls wirksam aufzuhalten, die aus lateinamerikanischen Ländern in die USA strömte („nach Öl" erklärt Naomi Klein, „sind Immigrantenarbeitskräfte der Kraftstoff, der die südwestliche Wirtschaft" der Vereinigten Staaten antreibt). Seitdem sind Hunderttausende von Migranten von der Polizei aufgehalten, inhaftiert und abgeschoben worden, bevor sie die amerikanische Grenze erreichten. Was die Festung Europa angeht, so macht Naomi Klein geltend: „Polen, Bulgarien, Ungarn und die Tschechische Republik sind die postmodernen Leibeigenen, Niedriglohnarbeitskräfte für die Fabriken, in denen Kleider, Elektronik und Autos zu 20 bis 25 Prozent der Herstellungskosten in Westeuropa gefertigt werden". Innerhalb kontinentaler Festungen entstand im Rahmen des Versuchs, eine Art Ausgleich zwischen offensichtlich kontradiktorischen, trotzdem gleichermaßen vitalen Postulaten zu schaffen „eine neue soziale Hierarchie": zwischen luftdichten Grenzen und einem leichten Zugang zu billigen, anspruchslosen, gelehrigen Arbeitskräften, die bereit sind, alles zu tun, was angeboten wird; oder zwischen Freihandel und der Notwendigkeit, populären Anti-Immigrations-Gefühlen entgegenzukommen – jenem Strohhalm, an den sich Regierungen klammern, die über die sinkende Souveränität von Nationalstaaten zu wachen haben. „Wie kann man offen fürs Geschäft und verschlossen für die Menschen sein?" fragt Klein. Und antwortet: „Ganz einfach. Erst erweitert man den Umfang. Und dann schließt man ab."

Die Summen, die die Europäische Union am bereitwilligsten und ohne jedes Feilschen in die osteuropäischen und zentraleuropäischen Länder überwiesen hat, die um Zugang ersucht haben, waren die, welche für die Befestigung ihrer östlichen Grenzen bestimmt waren.

Irgendwie hat die Welt „dort draußen" für Europäer aufgehört, sich wie ein Schauplatz aufregender Abenteuer und belebender Herausforderung anzufühlen. Der Globus erscheint nicht mehr als einladend und gastlich; und er sieht auch nicht länger aus wie eine leere Bühne für zahllose Heldentaten und unerhörte Bravourstücke. Er scheint jetzt feindselig und bedrohlich, gespickt mit allen möglichen Arten von Fallen, Hinterhalten und anderen unaussprechlichen Gefahren für die Unaufmerksamen; voll von Ländern, die vor Hass brodeln, angefüllt mit Komplotte schmiedenden und Verschwörungen anzettelnden Schurken – verräterischen und niederträchtigen Halunken, die auf alle nur erdenklichen oder nicht erdenklichen Übeltaten lauern. *Da gehen „wir" nicht hin* (wenn nicht im Urlaub – am besten zu den Strandhotels, die für alle Eingeborenen außer den Barkeepern, Obern und Serviererinnen gesperrt sind). Und was „sie" anbetrifft – sie sollten daran gehindert werden, *hierher zu kommen*.

„Geschaffen, um den freien Verkehr innerhalb der europäischen Union zu sichern, ist der Schengen-Raum ein mächtiges Werkzeug für die Kontrolle und Überwachung der Bewegungen seiner Bürger geworden", entdeckt Jelle van Buuren.[12] Unter weit über einer Million Personen, die im Jahr 2001 in den Schengen-Computern registriert waren, befanden sich mehr als neunzig Prozent „Unerwünschte". Seitdem sind die Dinge schnell vorangeschritten, verstärkt durch die neuen Bedingungen von Sicherheitsalarm und einem halben Kriegsrecht. Geplant ist jetzt, eine Fülle von Personaldaten über jeden Mann und jede Frau anzulegen, die mit einem Visum in den Schengen-Raum einreisen (die Vereinigten Staaten waren, wie gewöhnlich, hier die Ersten, als sie entschieden, von allen Ausländern mit einem Visum Fingerabdrücke zu nehmen und Photos zu machen; wenn in der erlaubten Zeitspanne keine Ausreise gemeldet wird, wird der Schuldige für „illegal" erklärt, der arretiert und auf unbegrenzte Zeit aus Europa verwiesen werden kann. Im Zuge einer radikalen Verschiebung der ursprünglichen Absicht, die niemals öffentlich diskutiert worden ist, hat der Europäische Rat am 6. November 2001 ein Dokument veröffentlicht, das verkündete, das Schengen-System solle dazu dienen, „die innere Sicherheit" der Einwohner Europas durch eine strikte Kontrolle aller Ankömmlinge „zu verbessern". Verbunden mit den neuen strengen Restriktionen, die für die Asylgewährung gelten, war das unmittelbare Resultat (mit den Worten von *Amnesty International*) „eine Beleidigung für alle, die vor Verfolgung, Folter und möglichem Tod geflohen sind".[13]

Wie sehr bald klar wurde, würde die Last des neuen Sicherheitssystems, während Außenseitern (Flüchtlingen, Brot-und-Wasser- oder Asylsuchenden) einige ihrer Menschenrechte verweigert werden konnten, die Bürger der Europäischen Union und ihrer Mitgliedsstaaten keineswwgs verschonen. Im Namen der Sicherheit, die von der Feindseligkeit des Planeten bedroht war, wurden in einem Land nach dem anderen Maßnahmen eingeführt, wie es sie beinahe seit den Zeiten des *Habeas-Corpus-Acts* nicht mehr gegeben hatte, um „präventive" Inhaftierung nach dem geheimem Ermessensspielraum der Polizei und ohne Verfahren, routinemäßige Verletzung der Privatsphäre, Zugang der Geheimdienste zu den intimsten Information jedes beliebigen Verdächtigen zu erlauben – wie schwach auch immer oder regelrecht falsch die Gründe für den Verdacht sein mochten.

Man kann (und sollte) dagegenhalten, dass auf einem Planeten, der als feindselig, hinterhältig und tückisch angesehen wird (mit Ausnahme einiger weniger Enklaven, die im Augenblick gerade als „freundlich" angesehen werden), die Verteidigung der Demokratie und der persönlichen Freiheit in einem einzelnen Land oder auch in einer Föderation verschiedener Länder hinter den Mauern der „regionalen Festung" eine entmutigende, vielleicht unmögliche Aufgabe ist. *Die Verteidigung der Freiheit ist jetzt zu einer globalen Aufgabe geworden* – und in ihrem Fall wie in allen anderen Fällen, die einst lokal behandelt wurden, aber jetzt in einem alles andere als lokalen Netz von Abhängigkeiten verfangen sind, können Lösungen für global erzeugte Probleme nur global sein.

Zeit, zu unserer Frage zurückzukehren: Verliert das jahrhundertelange europäische Abenteuer an Fahrt und kommt es allmählich zum Stehen?

Wolf Lepenies scheint so zu denken. Auf jeden Fall machte er in der schon zitierten Vorlesung seine Zuhörer auf die Tatsache aufmerksam, dass Europa in großem Ausmaß seine langfristige Orientierung verloren habe, samt dem Willen, sie wiederzufinden und erneut in Besitz zu nehmen. Er stellte fest, dass Europa, einmal seiner Qualitäten beraubt, die sein Markenzeichen gewesen waren, aufgehört hat, ein attraktives Beispiel für andere Bewohner des gemeinsamen Planeten zu sein.

Wir können einen Schritt weitergehen und festhalten, dass die Regierungen Europas ihre Vision, besonders ihre langfristige Vision verloren haben – im Unterschied zu den „Problemlösungs"- und „Krisenmanagements"-Strategien, die für Zeiten bestimmt waren, die kaum jemals über die nächste Parlamentswahl hinausreichen. Schlimmer als das, Europa als Ganzes hat seinen Drang und Willen zum Abenteuer verloren – zur Aufregung, die es bedeutete, Risiken einzugehen, neue und unerforschte Horizonte zu erkunden und neue und unerprobte Pfade zu bahnen. Dies zumindest ist der Eindruck, den man bekommt, wenn man den Leuten zuhört, die von den Nationen Europas gewählt wurden, um in ihrem Namen zu sprechen und zu handeln. Liest man den Text des Maastricht-Vertrags – jenes Dokuments, das die Zukunft Europas und das Ziel skizziert, auf das eine halbe Milliarde Europäer aufgerufen sind hinzuarbeiten – wird man kaum von einem „Verfassungspatriotismus" der Art überwältigt, in der Jürgen Habermas eine im Entstehen begriffene entgiftete Version nationaler und gemeinschaftlicher Gefühle erkennt; oder überhaupt von irgendeinem anderen starken Gefühl außer Langeweile und Lustlosigkeit. Wenn der Vertrag von Maastricht oder der Beitrittsvertrag, der ihm folgte, das zeitgenössische Äquivalent der Erklärung der Menschen- und Bürgerrechte, der amerikanischen Unabhängigkeitserklärung oder des Kommunistischen Manifests ist, dann scheint nur noch wenig Hoffnung für die nächste

Ausgabe des europäischen Abenteuers zu sein, spezifischer: dafür, dass Europa an seinem Schicksal/seiner Berufung festhält, die globale Hefe einer gemeinsamen globalen Geschichte zu sein ...

Die Anpreisung der „westlichen Lebensform" als überlegenes Vorbild für alle anderen ist nicht länger, wie Couze Venn treffend bemerkte, „legitimiert im Sinne der humanistischen großen Erzählungen der Aufklärung".[14] In der Tat versuchen „die Kräfte der neuen Disziplinarmacht" „die neue Weltordnung", über die sie den Vorsitz führen, im Namen der Effizienz, der Flexibilität und der Vermarktlichung zu verkaufen – Ausdrücke, die, wie wir hinzufügen können, eine bedrohliche Bedeutung von Unsicherheit, Verlust des Lebensunterhalts, Existenzgefährdung, Leugnung der Würde und Streichung von Lebensaussichten annehmen, sobald sie erst einmal fern von den Metropolen in den einheimischen Jargon übersetzt worden sind. „Das Ende des Kalten Krieges/Dritten Weltkriegs", macht Venn geltend, „hat den Kapitalismus von der Notwendigkeit befreit, auf die Aufforderungen, Verantwortung zu übernehmen, zu antworten ... Er hat die Fähigkeit verloren, auf Leiden zu reagieren."

Was bietet denn der Westen, wie er sich in den Augen des Planeten durch seine selbsternannten amerikanischen Führer darstellt, dem leidenden Teil des Globus wirklich? Ein paar Beispiele, die den Strategien entnommen sind, die im Nachkriegs-Irak unter dem Decknamen „Wiederaufbau" [*reconstruction*] zur Anwendung kamen und in jüngster Zeit von Antonia Juhasz vom Internationalen Forum für Globalisierung[15] analysiert worden sind, enthüllen den latenten – gleichwohl für die Empfänger deutlich spürbaren – Sinn des gegenwärtigen weltweiten Freihandelskreuzzugs. Lassen wir – weil sie umfassend publiziert und als (unvermeidliche und wohl vorübergehende) Nebenwirkungen des Krieges übergangen wurden – solche direkten Konsequenzen der militärischen Intervention des Westens wie die fünfzig- bis siebzigprozentige Arbeitslosigkeit, das steile Ansteigen der Müttersterblichkeit wie auch von Krankheiten, die durch verschmutztes Wasser hervorgerufen sind und durch Impfung verhinderbar wären, sowie eine Verdoppelung des Niveaus akuter Unterernährung beiseite und richten wir unser Augenmerk stattdessen auf die Art und Weise, wie die Nachkriegs-Rekonstruktion des Iraks unter den Auspizien der „westlichen effizienzsteigernden Vermarktlichung" vor sich gehen sollte. Der Aufbau der Wasserversorgung geschah im Auftrag der Bechtel Corporation, obwohl sich in einem vergleichbaren Fall nicht allzu lange vorher in Chochabamba, Bolivien, die Wasserpreise verdreifacht hatten, und Familien, die 60 Dollar im Monat verdienten, Wasserrechnungen über 20 Dollar erhielten, nachdem die lokale Wasserversorgung „modernisiert" worden war (es folgten Aufstände der Bevölkerung, welche die bolivianische Regierung zwangen, den Vertrag aufzukündigen – worauf Bechtel mit einer 25-Millionen-Dollarklage antwortete). Eine andere Gesellschaft, MCI, die angeklagt und des Betrugs für schuldig befunden wurde, begangen, als sie noch unter ihrem früheren Namen WorldCom Handel trieb, ist dafür bezahlt worden, das drahtlose Telefonnetz im Irak zu konstruieren. Eine weitere Gesellschaft wurde beauftragt, zum Preis von 15 Millionen Dollar eine Zementfabrik zu bauen, die schließlich von einem irakischen Geschäftsmann für 80 000 Dollar errichtet wurde. Aber Order 39, erlassen von dem von der Koalition ernannten Irak-Gouverneur Paul Bremer, verbietet den zukünftigen einheimischen Herrschern des Iraks, „den Zugang ausländischer Eigentümer zu irgendeinem Sektor der Wirtschaft zu beschränken", während sie gleichzeitig ausländische Investoren autorisiert, „ohne Verzögerung alle Gelder ins Ausland zu transferieren, die mit Investment assoziiert sind, einschließlich Aktien oder Gewinne und Dividenden". Man könnte die Einheimischen entschuldigen, wenn sie „Triumph von Freiheit und Demokratie" mit „von

Syndikaten begangener Raub von Ressourcen und Förderung organisierter wie offiziell unterstützter Korruption" übersetzen würden.

Neben den Amerikanern und Japanern sind die Europäer heute die eifrigsten und unermüdlichsten Reisenden: Die Anzahl der von Europäern pro Person *per annum* zurückgelegten Kilometer lässt die Zahlen, deren sich die Bewohner andere Kontinente rühmen können, wahrscheinlich winzig erscheinen. Aber Europa schaut nach innen. Für die meisten europäischen Globetrotter ist der Rest der Welt nicht länger eine Mission; sie ist jetzt ein Aufenthalt für Touristen. Vorausgesetzt natürlich, die Bedienung ist schnell und die Dienstleistenden lächeln, der Zimmerservice und der Nachschub in der Bar sind tadellos, das Catering ist von guter Qualität, bewaffnete Wachen und Überwachungskameras sind auf ihrem Posten – und der Preis stimmt.

Touristen lassen sich selten auf längere Debatten mit Einheimischen ein. Wenn sie streiten, geschieht es meist beim Feilschen um den Preis von Gütern auf dem Markt. Die Beziehungen Tourist-Einheimischer ruhen fest auf der Dienstleistung-für-Geld-Basis. Die Touristen treffen auf die Einheimischen als Käufer und Verkäufer – lächelnd, ja, aber nichts Persönliches, wissen Sie … Ist die Transaktion erledigt, gehen wir – jeder von uns – wieder unserer Wege. Handel ist das, was uns gerade so lange zusammenbringt, wie es braucht, Waren für Geld einzutauschen, und dann mag der Rest der Welt da bleiben, wohin er gehört und wo er bleiben sollte: im Schweigen. Was du und ich einander anzubieten haben, hat seinen Marktpreis. Sobald der Markt gesprochen hat, gibt es nichts mehr zu sagen – und wer bist du und wer bin ich, über die Urteile des Markts zu streiten?

Nicht alle Europäer (so wenig wie die Amerikaner) bereisen die Welt als Touristen. Einige kommen zu entfernten Orten, um Produkte zu verkaufen. Im Falle einiger weniger von ihnen, derer im diplomatischen Dienst oder in einer anderen offiziellen Mission, ist das „Produkt", das sie verkaufen, ihr eigenes Land oder ihr Kontinent. Worauf sie aus sind, ist ihr Recht und das Recht jener, für die sie als Sprecher handeln, den Rest des Planeten auch weiterhin als eine Ansammlung von Touristenaufenthalten und Handelsaußenposten anzusehen und zu behandeln. Naomi Klein schildert die Erfahrung einer solcher Handlungsreisenden, Charlotte Beers, Unterstaatssekretärin für öffentliche Diplomatie und öffentliche Angelegenheiten (also nicht Europäerin der ersten Generation, trotzdem auch nicht so weit weg von der Art der Europäer), die von der US-Administration mit der Aufgabe betraut war, das US-amerikanische Bild im Ausland neu zu gestalten:

> Als Beers im Januar [2002] auf eine Mission nach Ägypten ging, um das Bild der USA unter arabischen Meinungsmachern zu verbessern, lief es nicht allzu gut. Muhammed Abdel Hadi, Herausgeber der Zeitung *Al Ahram*, verließ das Treffen mit Beers völlig frustriert, weil sie mehr daran interessiert schien, vage über amerikanische Werte zu reden als über spezifische US-Strategien. „Wie sehr man auch versucht, sie dazu zu bringen, einen zu verstehen", sagte er, „sie tun's nicht."[16]

Klein bezieht sich auf den Unilateralismus der USA angesichts internationaler Gesetze, auf die Initiierung oder Förderung der sich ausweitenden Reichtumsunterschiede, auf das Durchgreifen bei Immigranten und auf die Verletzung von Menschenrechten – um zu schließen, dass Amerikas Problem „nichts mit seiner Marke, sondern mit seinem Produkt zu tun hat". „Wenn sie [die Einheimischen, die die Hauptlast solcher Strategien zu tragen haben] zornig sind, wie es Millionen offensichtlich sind, dann sind sie es angesichts der von der US-Politik gebrochenen Versprechen." Was „sie" sehen und zur Kenntnis nehmen, sind nicht nur die bequemen Nike-Sneakers und verführerischen Barbie-Puppen, die als Lockvögel für amerikanische (westliche) Werte und die Freuden eingesetzt werden, die Freiheit und Demokratie versprechen. „Sie" wissen aus ihrer eigenen Erfahrung, dass die „Reisen von Nike-Sneakers" bis zu den „Missbrauch betreibenden Sweatshops von Vietnam zurückverfolgt werden können, Barbies winzige Ausstattungen auf die Kinderarbeit von Sumatra" – und dass einige multinationale Firmen, im Vertrauen auf die Unterstützung und den Schutz intelligenter Geschosse, die bereitstehen, amerikanische und westliche Werte auch da zu fördern, wo sie nicht willkommen sind, „weit davon entfernt, das globale Feld mit Jobs und Technologie für alle zu ebnen, in Wirklichkeit damit befasst sind, in den Ärmsten des Planeten nach unvorstellbaren Gewinnen zu graben".[17]

Nur wenige Völker auf der Erde dürften noch nicht die bei jedem Anlass und auch ohne solchen wiederholte Botschaft von Freiheit oder Demokratie vernommen haben. Wenn freilich die Vielen, die die Botschaft vernommen haben, versuchen, ihren Inhalt auszupacken, indem sie das Verhalten der Absender beobachten, können sie vielleicht entschuldigt werden, wenn sie in „Freiheit" Selbstsucht, Habsucht, Gier und das Gebot „jeder für sich" und „den Letzten beißen die Hunde", und in „Demokratie" „Macht ist Recht" hineinlesen. Es kann ihnen verziehen werden, dass sie die Botschaft oder ihre Absender, die sie verdächtigen, Verantwortung für die Täuschung zu tragen, mit Misstrauen anschauen.

Mit einem Quäntchen an gutem Willen kann man verstehen, warum solche Leute auf einer Übersetzung bestehen, welche die manifesten Inhalte der Botschaft widerlegt. Aus ihrer alltäglichen Erfahrung wissen sie nur allzu gut, dass die Kapitulation vor der Herrschaft der planetarischen Märkte, die als Bedingung von Freiheit und Demokratie proklamiert wird; vor dem halsabschneiderischen Wettbewerb, den diese Herrschaft an die Stelle von nachbarschaftlicher Zusammenarbeit und

Beistand setzt; und vor der massiven Privatisierung und Deregulierung, die folgen – dass diese Kapitulation sie ihrer Arbeitsplätze, Wohnungen und Gemeinschaften beraubt, während sie ihnen dafür nur wenig zurückgibt: nicht annähernd genug Schulen oder Hospitäler, Elektrizität oder Trinkwasser und vor allem keine Menschenwürde und keine Aussichten auf ein besseres Leben zu ihren Lebzeiten. Bislang haben die Marktangebote für globale Herrschaft, um ein letztes Mal Naomi Klein zu zitieren,

> Armeen von Ausgeschlossenen erzeugt, deren Dienste nicht länger benötigt werden, deren Lebensstile als „zurückgeblieben" abgeschrieben werden, deren Grundbedürfnisse nicht befriedigt werden. [Die] Zäune der sozialen Ausschließung können eine ganze Industrie stilllegen und sie können ein ganzes Land abschreiben, wie es mit Argentinien geschehen ist. Im Falle Afrikas kann sich im Wesentlichen ein ganzer Kontinent in die globale Schattenwelt vertrieben finden, verschwunden von der Landkarte und aus den Nachrichten und nur während Kriegszeiten sichtbar, wenn seine Bürger mit Misstrauen als potenzielle Angehörige einer Miliz, als potenzielle Terroristen oder antiamerikanische Fanatiker angesehen werden.[18]

Wie zu erwarten, gibt es eine Reaktion auf diese Aktion und ihre geplanten oder unbeabsichtigten, sichtbaren oder vertuschten Konsequenzen. Ryszard Kapuściński bemerkt einen grundlegenden Wandel in der Stimmung auf dem Planeten, verstohlen, unterirdisch und kaum jemals oder überhaupt nie bemerkt von Geschäftsreisenden, von reisenden Wissensexperten oder von bequem in die gemütlichen Kokons maßgeschneiderter Nirgendwostädte eingeschlossenen Touristen – aber eine Abweichung, die nichtsdestoweniger zukunftsträchtig und prophetisch erscheint, sobald sie erst einmal bemerkt und, besonders mit europäischen Augen, gründlich betrachtet wird.[19]

In den letzten fünf Jahrhunderten entwickelte sich die Mentalität des Globus nahezu universal im Schatten der Muster, Werte und Kriterien, die mit der europäischen Kultur identifiziert wurden. Die militärische und ökonomische Herrschaft Europas wurde noch gekrönt durch die unbestrittene Position Europas als der Bezugspunkt für Bewertung, Lob oder Verdammung jeder anderen, vergangenen und gegenwärtigen Form menschlichen Lebens und als der oberste Gerichtshof, wo eine solche Einschätzung ohne Recht auf Berufung verkündet wurde.

Es genügte, einfach Europäer zu sein, sagt Kapuściński, um sich überall sonst als Boss und Herrscher zu fühlen. Selbst eine mittelmäßige Person von niedriger Stellung und geringem Ansehen in ihrem eigenen kleinen und unbedeutenden (aber europäischen!) Land erhob sich zu den höchsten gesellschaftlichen Stellungen, sobald sie einmal in Malaysia oder Sambia gelandet war ... Aber dies ist längst nicht mehr so, wie Kapuściński kürzlich beobachtet hat. Die Gegenwart ist gekennzeichnet von einem immer offensichtlicheren und unverhohleneren Selbstbewusstsein unter den Völkern, die sich noch vor einem halben Jahrhundert vor einem Europäer, der auf dem Altar von Cargo-Kulten thronte, auf die Knie warfen. Jetzt beweisen sie einen schnell wachsenden Sinn für ihren eigenen Wert und einen immer deutlicheren Ehrgeiz, einen unabhängigen und gewichtigen eigenen Platz in der neuen, zunehmend egalitären und multikulturellen Welt einzunehmen. Es war einmal, bemerkt Kapuściński, dass ihn jeder in fernen Ländern nach Europa gefragt habe, aber heutzutage tue das keiner mehr: Heute haben die „Eingeborenen" ihre eigenen Aufgaben und Probleme, die ihre (und ihre gesamte) Aufmerksamkeit verlangen (und erhalten). „Die europäische Präsenz" ist immer weniger sichtbar, physisch wie geistig.

Es hat offensichtliche Vorteile, wenn man die Opfer der zügellosen Globalisierung des Finanz- und Warenmarkts vor allem als Sicherheitsrisiko ansieht statt als Völker, die Hilfe brauchen und ein Recht auf Schadensersatz für ihr Leben haben. Es mindert die Skrupel und schiebt ethischen Bedenken einen Riegel vor. Schließlich hat man es hier ja mit Feinden zu tun, die „unsere Werte hassen" und unseren Anblick nicht ertragen können, den Anblick von gewöhnlichen Leuten wie unsereinem, wegen unserer Entschlossenheit, in Freiheit und Demokratie zu leben. Es hilft, die Summen, die zur Minderung von Ungleichheiten und zur Entschärfung dadurch gesäter Feindseligkeiten benutzt werden könnten, umzulenken, um damit die Waffenindustrie, Waffenverkäufe und Aktionärsprofite aufzupolstern und so die Statistik der heimischen Beschäftigung zu verbessern und die Wohlfühlkurve der heimischen Wählerschaft zu steigern. *Last, but not least*: Es regt die nachlassende Verbraucherökonomie an, indem es diffuse Sicherheitsängste verdichtet, um sie dann neuen Zielen zuzuführen und weg von den Problemen in den Drang zu kanalisieren, kleine private Festungen auf Rädern zu kaufen (wie die benzinschluckenden, aber kostspieligen „Hummers" oder die bekanntlich für Fahrer und Fußgänger gleichermaßen gefährlichen „Sport Utility Vehicles"); oder indem man erlaubt, dass die lukrativen „Rechte an Markennamen" oder „geistige Rechte" kräftig gestärkt werden unter dem Vorwand, verhindern zu wollen, dass Profite aus ihrer Verletzung in terroristische Zellen verlagert werden.

Sieht man die Opfer der Machtsteigerung zunächst und vor allem als Sicherheitsrisiko an, erlaubt dies auch, die irritierenden Zwänge demokratischer Kontrolle zu verwerfen, die geschäftlichen Unternehmungen auferlegt werden oder doch auferlegt zu werden drohen – indem man politische (und letztlich eminent ökonomische) Entscheidungen neu als militärische Notwendigkeiten ansieht. Hier wie anderswo übernimmt Amerika die Führung, obgleich seine Bewegungen von einer großen Anzahl europäischer Regierungen genau beobachtet und eifrig nachgeahmt werden. So hat William J. Bennett in seinem Buch mit dem treffenden Titel *Warum wir kämpfen: Moralische Klarheit und der Krieg gegen den Terrorismus* konstatiert:

> Die Drohungen, denen wir uns heute gegenübersehen, sind sowohl extern wie intern: extern, insofern es Gruppen und Staaten gibt, welche die Vereinigten Staaten angreifen wollen; intern, insofern es diejenigen gibt, die versuchen, die Gelegenheit zu ergreifen, um die Agenda „Erst einmal Amerika tadeln" zu verkünden. Beide Drohungen entspringen entweder einem Hass auf die amerikanischen Ideale der Freiheit und Gleichheit oder einem Missverständnis dieser Ideale und ihrer Praxis.[20]

Bennetts Credo kann am besten als ideologische Tünche über einer Praxis verstanden werden, die bereits in vollem Gange ist – wie der jüngst eingeführte „US Patriot Act", der sich vor allem gegen Menschen richtet, die mit der Art politischer Aktion befasst sind, die bislang von der amerikanischen Verfassung geschützt war – und der nun die bislang verhinderte heimliche Überwachung, Durchsuchungen ohne Gerichtsbeschluss und andere Eingriffe in die Privatsphäre, wie auch Inhaftierung ohne Anklage und Gerichtsverfahren gegen Zivilisten vor Militärgerichten legalisiert.

Sicherheitsdienste sind wie alle anderen Bürokratien der unerbittlichen Logik des Parkinsonschen Gesetzes* oder einer sich selbst erfüllenden Prophezeiung unterworfen. Einmal am Platze, entwickeln sie ihr eigene Dynamik, indem sie immer neue Ziele schaffen, an denen die Kunst, die sie

---

* [A. d. Ü.: Die Parkinsonschen Gesetze sind ironisierende Darstellungen zur Verwaltungs- und Wirtschaftslehre in Form soziologischer Lehrsätze, etwa: „Arbeit dehnt sich in genau dem Maß aus, wie Zeit für ihre Erledigung zur Verfügung steht."]

am besten beherrschen, ausgeübt wird, während sie den Rest ihres Aktionsfeldes als eine riesige Matrix zukünftiger Ziele neu entwerfen. Kein Wunder, dass „der Westen" – Europa und seine global zerstreute Nachkommenschaft – zunehmend nach innen schaut. Die Welt sieht immer weniger einladend aus und fühlt sich immer weniger einladend an. Sie erscheint als eine feindselige Welt, eine verräterische, rachedurstige Welt, eine Welt, die immer noch für die zu Touristen und Geschäftsleuten gewordenen westlichen Völker sicher gemacht werden muss. Sie erscheint unheimlich und seltsam, wie ein Schlachtfeld, das sich auf einen drohenden „Krieg der Zivilisationen" vorbereitet. Es ist eine Welt, in der allen Schritten Gefahr droht, und folglich müssen alle, die wagemutig genug sind, solche Schritte zu riskieren, stets auf der Hut sein und vor allem auf den für ihren ausschließlichen und sicheren Gebrauch reservierten Plätzen und auf den sie verbindenden gekennzeichneten und geschützten Bahnen bleiben: Bahnen, die mit Stacheldraht gegen jene Wildnis abgesichert sind, die mit Hinterhalten für den Unvorsichtigen gespickt ist. Wer immer diese Vorschriften vergisst, tut es auf sein oder ihr eigenes Risiko und muss bereit sein, die Konsequenzen zu tragen.

In einer unsicheren Welt ist Sicherheit der Name des Spiels, seine Hauptabsicht und sein vorrangigstes Ziel.

Sicherheit ist ein Wert, der in der Praxis, wenn auch nicht in der Theorie, alle anderen Werte klein erscheinen lässt und verdrängt, einschließlich der Werte, die als „unsere liebsten" proklamiert werden, die deshalb auch die vorrangigen Ziele „derer da draußen" sind, die Ziele „ihres" Hasses und die vorrangige Ursache „ihres" Wunsches, des Wunsches, uns zu schädigen – des Drangs, der die ganze Welt wie auch deren Teil „hier drinnen", den wir unser Zuhause nennen, unsicher macht. In einer Welt, die so unsicher ist wie die unsrige, können all die Dinge, die wir mit Demokratie zu verbinden pflegten, wie persönliche Freiheit der Rede und des Handelns, das Recht auf Privatheit, und Zugang zur Wahrheit, mit dem obersten Bedürfnis nach Sicherheit in Konflikt geraten und müssen deshalb beschnitten oder aufgehoben werden. Zumindest ist es das, worauf die offizielle Version des Kampfes-für-Sicherheit insistiert und was die offizielle Regierungspraxis impliziert.

Dass wir unsere Freiheiten hier zu Hause nicht effektiv verteidigen können, während wir uns vom Rest der Welt abgrenzen und uns einzig um unsere eigenen Angelegenheiten kümmern, ist die Wahrheit, die der Form, die die Sicherheitsängste nach dem 11. September annahmen, als Erstes zum Opfer fiel.

Es gibt gute Gründe für die Annahme, dass man auf einem globalisierten Planeten, wo die Misere von jedermann überall die Misere aller anderen bestimmt und von ihr bestimmt wird, Freiheit und Demokratie nicht länger nur in einem einzigen Land oder nur einigen auserwählten Ländern haben kann. Das Schicksal von Freiheit und Demokratie in jedem Land wird auf der globalen Bühne bestimmt und entschieden – und nur auf jener Bühne kann es mit einer realistischen Chance auf dauernden Erfolg verteidigt werden. Es liegt nicht länger in der Macht irgendeines Staates – wie schwer bewaffnet, entschlossen und kompromisslos er auch sei – erlesene Werte zu Hause zu verteidigen, während er den Träumen und Sehnsüchten der Menschen außerhalb seiner Grenzen den Rücken kehrt.

Aber genau das tun wir Europäer und Menschen europäischer Herkunft, die sich in den früheren überseeischen Kolonien niedergelassen haben. Eingestimmt auf die Regeln der (auf eigene Gefahr) in den Grenzen eines Nationalstaates oder einer Kombination von Nationalstaaten eingeschlossenen Demokratie, behalten wir unsere Reichtümer und vervielfachen sie auf Kosten der Armen außerhalb. Joseph Stiglitz hat anlässlich der Vorbereitung auf das Treffen in Cancún die Handelsminister daran erinnert, dass die durchschnittliche europäische Subvention pro Kuh „der 2-Dollar-pro-Tag-Armutsebene entspricht, auf der Milliarden Menschen ihr Leben fristen", wogegen Amerikas 4 Milliarden Dollar betragende Baumwoll-Subvention für 25 000 wohlhabende Farmer „Elend über 10 Millionen afrikanische Bauern bringt und die armselige Hilfszahlung der Vereinigten Staaten an einige der betroffenen Länder mehr als aufwiegt".[21] Man hört gelegentlich, dass Europa und Amerika einander öffentlich „unfairer agrikultureller Praktiken" beschuldigen. Aber, so beobachtet Stiglitz, „keine Seite scheint willens, größere Zugeständnisse zu machen", während allein bedeutende radikale Zugeständnisse andere davon abbringen könnten, die unverfrorene Vorführung „brutaler ökonomischer Macht der USA und Europas" als irgendetwas anderes anzusehen als eine Anstrengung, die Privilegien der Privilegierten zu verteidigen, den Reichtum der Reichen zu schützen und den eigenen Interessen zu dienen, die letzten Endes auf nichts anderes hinauslaufen als auf mehr Reichtum und noch mehr Reichtum. Auf der Konferenz von Cancún, die eine gemeinsame Plattform schaffen sollte, auf der sich die Reichen und die Armen treffen und ihre Produkte zum gegenseitigem Vorteil austauschen können, schloss der senegalesische Handelsminister Alchaton Agne Poyue nach einer langdauernden, aber unfruchtbaren Debatte, dass die andere, wohlhabende Seite am Verhandlungstisch „unserem Überlebensinteresse" keinerlei Aufmerksamkeit schenke, „geschweige denn unserer Entwicklung", und auch keinerlei Wunsch dazu habe. Unterdessen hatte das Ensemble der subsaharischen Repräsentanten – der Teil der Welt, der von den riesigen in den amerikanischen Baumwollanbau fließenden Subventionen am meisten betroffen war – nur eine einzige Stimme für die Schlusserklärung, die zukünftige Konsultationen über den dornigen Streitpunkt der Subventionen versprach, während inzwischen den armen Ländern geraten wurde, ihre Wirtschaften zu diversifizieren (das heißt, sich vom Baumwollanbau fernzuhalten): eine Beleidigung.[22]

Und so möchte ich zum dritten Mal die Frage stellen: Ist die historische Zeit des europäischen Abenteuers abgelaufen? Für Europa *als* Abenteuer?

Man kann starke und überzeugende Gründe dafür anführen, dass es Europa niemals zuvor so nötig hatte, abenteuerlich zu sein, wie gerade jetzt. Und dass dieser Planet, den Millionen privilegierter und wohlhabender Europäer mit Milliarden Armer und Benachteiligter teilen, nie zuvor ein abenteuerliches Europa so sehr benötigte wie jetzt: ein Europa, das über seine Grenzen hinausschaut, ein Europa, das kritisch gegenüber seiner Voreingenommenheit und Selbstbezogenheit ist, ein Europa, das sich bemüht, über seine territoriale Begrenztheit hinauszureichen, mit dem Drang, seine eigene Lage und ebenso die der übrigen Welt zu überschreiten; ein Europa mit einem *planetarischen Auftrag*. Und anders vielleicht als in der Vergangenheit, als die Ernte der europäischen Sucht nach Überschreitung alles andere als ein reiner Segen für Europas nahe und ferne Nachbarn war und als die direkten und kollateralen Opfer des europäischen Drangs zur Überschreitung den planetarischen Boden bedeckten – werden dieses Mal die Interessen Europas und der Völker außerhalb seiner Grenzen *nicht einfach zusammenfallen, sondern sich überschneiden*. Es genügt, die Augen ein paar Zentimeter über die Ebene der momentanen Interessen und Notfälle des Krisenmanagements zu erheben, um zu sehen, dass diese Interessen in jeder Hinsicht eng miteinander verwoben, wenn nicht gar identisch sind.

In einer Rede vor dem Europäischen Parlament am 8. März 1994 forderte Vaclav Havel, damals Präsident der Tschechischen Republik, eine Charta für Europa, die artikulieren sollte, was es heißt, Europa zu sein oder Europäer zu sein: eine „Charta der europäischen Identität" für die kommende Ära eines Planeten, der darum kämpft, die Verantwortung für seine eigene unmittelbar bevorstehende und unvermeidliche Einigung zu übernehmen. Ein Manifest, können wir sagen, der europäischen *raison d'être* in der Ära der Globalisierung.

Eine der Gruppen, die Havels Aufforderung folgten, war die Europa-Union Deutschland und das Ergebnis war die „Charta der europäischen Identität", die am 28. Oktober 1995 auf dem 41. Kongress der Union in Lübeck beschlossen wurde.[23] Direkt nach einer vorhersehbaren Präambel, die „Europa als Schicksalsgemeinschaft" gewidmet ist, folgen zwei Absätze, die besondere Aufmerksamkeit verdienen. Der eine spricht von „Europa als „Wertegemeinschaft" und nennt Toleranz, Humanität und Brüderlichkeit als die obersten Werte, die Europa „in der ganzen Welt verbreitet hat", wodurch es zur „Mutter der Revolutionen in der modernen Welt" geworden sei. Die Verfasser der Charta räumen ein, dass Europa in seiner langen Geschichte „seine eigenen Werte immer wieder in Frage gestellt und gegen sie verstoßen hat", glauben aber, dass jetzt endlich „nach einem Zeitalter des hemmungslosen Nationalismus, Imperialismus und Totalitarismus" diese Werte, die in der klassischen Antike und im Christentum wurzeln, den Europäern dabei geholfen haben, „Freiheit, Recht und Demokratie zum Prinzip ihrer zwischenstaatlichen Beziehungen zu machen". Ein weiterer Abschnitt präsentiert Europa als „Verantwortungsgemeinschaft". Er weist darauf hin, dass „in der heutigen Weltgesellschaft, in der wir alle voneinander abhängig sind, die Europäische Union eine besondere Verantwortung" gegenüber dem Rest der Welt trage und „nur ein kooperatives, solidarisches und geeintes Europa" wirksam mithelfen könne, Probleme in der Welt zu lösen. Die Europäische Union solle ein Beispiel sein: „Hierzu gehören vor allem die Wahrung der Menschenrechte und der Schutz der Minderheiten." (Man ist freilich versucht hinzuzufügen: Dazu gehört auch der Schutz der riesigen Mehrheit der Menschheit vor den Konsequenzen der Privilegien, die eine kleine Minderheit der Bevölkerung des Planeten, einschließlich Europas, genießt ...).

Wenn man die Charta liest, denkt man unwillkürlich: „Leichter gesagt als getan!" Die „Charta der europäischen Identität" ist offensichtlich eine utopische Blaupause!

Ein solches Urteil mag sehr wohl korrekt sein – aber schließlich war die „europäische Identität" in allen Augenblicken ihrer Geschichte eine Utopie. Vielleicht war das einzige stetige Element, das die europäische Geschichte zu einer konsistenten und am Ende zusammenhängenden Erzählung machte, der utopische Geist, der ihrer Identität innewohnt, eine ewig noch-nicht erreichte Identität, schmerzlich ungreifbar und immer im Streit mit den Realitäten des Tages. Europas Platz war zu allen Zeiten irgendwo zwischen dem „Sollte" und dem „Ist", und das ist der Grund, weshalb es ein Ort des kontinuierlichen Experimentierens und Abenteuers sein musste und tatsächlich auch war. Sein gegenwärtiger Platz ist nicht anders: Er schwankt zwischen dem „Sollte" eines gastfreundlichen (hospitablen), benutzerfreundlichen Planeten, der entschlossen ist, ein nachhaltiges Leben für alle seine Bewohner zu erreichen und zu sichern, und einem Planeten sich vertiefender Ungleichheiten, Stammes-Feindseligkeiten und Zäunen zwischen verschiedenen Stämmen, einem Planeten, der immer weniger als menschliche Behausung geeignet ist.

Die fortschreitende institutionelle Einigung Europas kann als Verteidigungsmanöver angesehen werden (und sich als solches herausstellen), ausgelöst durch den Impuls, Europas „Ist" (seine relativ friedliche Nische inmitten sich vertiefendem planetarischem Aufruhr, seinen privilegierten Lebensstandard inmitten weltweitem Mangel) gegen das „Sollte" seiner herausfordernden, unbehaglichen und gleichwohl gebieterischen planetarischen Verantwortungen zu verteidigen. Aber sie kann sich auch als ein vorläufiger Schritt herausstellen, diese Verantwortungen zu übernehmen: ein vernünftiger Versuch, Hilfsmittel, Kraft und Willen zusammenzuraffen, die alle nötig sind, um die Aufgaben von übernationalen, planetarischen Dimensionen in Angriff zu nehmen.

So beobachtete Jürgen Habermas in einer seiner neueren Analysen:

> Unter den veränderten Bedingungen der postnationalen Konstellation kann der Nationalstaat seine alte Stärke nicht durch eine „Politik des Einigelns" zurückgewinnen. Ebenso wenig überzeugend ist eine Politik der Selbstnegation, die den Staat in postnationalen Netzwerken aufgehen sieht. Der postmoderne Neoliberalismus kann nicht erklären, wie die auf nationaler Ebene entstehenden Defizite an Steuerungsfähigkeit und Legitimation ohne neue, und zwar wiederum politische Regelungsformen auf supranationaler Ebene ausgeglichen werden können ... Gerade die artifiziellen Entstehungsbedingungen des nationalen Bewusstseins sprechen jedoch gegen die defaitistische Annahme, dass sich eine staatsbürgerliche Solidarität unter Fremden nur in den Grenzen einer Nation herstellen kann Wenn sich diese Form der kollektiven Identität einem folgenreichen Abstraktionsschub vom lokalen und dynastischen zum nationalen und demokratischen Bewusstsein verdankt, warum sollte sich ein solcher Lernprozess nicht fortsetzen können?[24]

Ein erneuter Sprung, ähnlich dem, der von Europa an der Schwelle zur Moderne in einer ähnlich turbulenten Ära getan worden ist, ist der Imperativ der gegenwärtigen Generationen. Diesmal weist er auf den Raum, in dem heutzutage Überlebenskämpfe geführt werden und in dem das Schicksal aller Teile des Globus entschieden wird: den politisch leeren und ethisch verworrenen planetarischen Raum, dem es an „Steuerungskompetenzen" sowie legalen und politischen Autoritäten mangelt und der von einem furchtbaren „Demokratiedefizit" heimgesucht wird.

Vor zwei- oder dreihundert Jahren, als es jenen anderen „Bergsattel" (um Reinhart Kosellecks treffende Metapher zu verwenden) aushandelte, erfand Europa *Nationen*. Jetzt geht es darum, die *Menschheit* zu erfinden. Und es sind keine anderen Akteure in Sicht, die fähig und willens wären, diesen letzten, allerletzten Akt des Überschreitens auf dem langen, gequälten Weg der Menschheit zu sich selbst zu versuchen – zur *allgemeinen Vereinigung der Menschheit*, die vor zwei Jahrhunderten von Kant als ihr endgültiges Ziel prophezeit worden ist, nicht einfach nur aufgrund einer Wahl, sondern „als die Vollziehung eines verborgenen Plans der Natur".

Paradoxerweise entsteht die Chance, das europäische Abenteuer auf Reiche auszudehnen, die niemals zuvor besucht wurden und vielleicht für Europa in seiner vergangenen König/Ungeheuer-Phase sogar verbotenes Gelände waren, zu einer Zeit, da Europas spezifisches Gewicht in Weltangelegenheiten gesunken ist und weiter zu sinken scheint.

Paradoxerweise? Vielleicht schließlich doch nicht so paradox. Bekanntlich hat Karl Deutsch Macht als „die Fähigkeit" definiert, „es sich leisten zu können, nichts zu lernen". Nun gut, nach dieser Definition hat Europa viel von seiner Macht eingebüßt, da ihm der Luxus des Nicht-Lernens verwehrt ist. Heute muss Europa lernen – und tut dies auch. Und während es lernt, häuft es ein stetig wachsendes Kapital an lebensrettendem Wissen an, das es mit anderen teilen kann: mit denen, die solches Wissen benötigen, um sich zu leisten, was sich Europa noch leisten kann; und auch – vielleicht noch wichtiger – mit denen, die sich noch leisten können, was sich Europa definit nicht länger leisten kann.

Seine verwickelte Geschichte hat Europa an einen Punkt geführt, an dem es schwerlich aufhören kann, seine Lektion zu lernen und zu memorieren. Seine Gegenwart ist schließlich nichts als das Leben seiner Erinnerung. Europas Geschichte hat seinen abenteuerlichen Charakter geformt, während die Formen, die das europäische Abenteuer in der Vergangenheit angenommen hat, indem es bestimmte Optionen für verfallen erklärte oder sogar neue und offensichtliche eröffnete, das Programm für seine zukünftigen Reinkarnationen liefern.

Wie die beiden prominenten russischen Politologen Vladislav Inozemtsev und Ekaterina Kuznetsova, argumentieren, könne Europa „nicht amerikanische Regeln übernehmen, ohne seine eigenen Nachkriegserrungenschaften zu verraten."[25] Die heilsame Alternative, die Europa – und nur Europa – bieten kann, beruht auf der europäischen – und nur der europäischen – Tradition. Während Amerika, das Europa in die zweite Liga der Machtspiele verwiesen hat, sich (mit den Worten von Will Hutton) „für den Kampf um Sicherheit, Prosperität und Gerechtigkeit disqualifiziert hat",[26] weigert sich, wie Inozemtsev und Kuznetsova ausführen, Europa, das die Wahrheit auf die harte Tour gelernt hat, beharrlich, „Gewalt als Quelle der Gerechtigkeit anzusehen" oder gar beides zu vermengen; und es ist gut platziert, um den Vereinigten Staaten gegenüberzutreten, wie *Gerechtigkeit* eher der *Gewalt* gegenübersteht als *Schwäche der Macht*.

Europas pyromanische Vergangenheit mag ein guter Grund für eine Menge Seelenerforschung und Schuldgefühle sein, aber verbrannte Finger können sich auch als ein Vorteil erweisen. Es könnte ihnen widerstreben, mit dem Feuer zu spielen – und sie könnten abgeneigt sein, Pulverfässer zu stapeln. „Das 'alte' Europa, das weise geworden ist, sollte nicht müde werden, diese Einsicht seinen amerikanischen Freunden zu vermitteln", macht Ulrich K. Preuss geltend, indem er sich auf die europäische Entdeckung bezieht, „dass Recht Vertrauen, Voraussagbarkeit, Sicherheit schafft; Recht befähigt", und auf die bittere Lektion, dass die prinzipielle Ursache für den Niedergang „praktisch aller Reiche in dieser

Welt" in der „Überdehnung ihrer Herrschaft" – das heißt, „die Verwerfung des Rechts als Quelle der Gültigkeit, um sich auf Gewalt allein zu verlassen" – sowie ihrer Unfähigkeit bestand, infolge der Zuflucht zur „nicht-kommunikativen Gewalt des Militärs" als einziger Richtschnur „die eigene Umwelt" zu verstehen.[27]

Und so, um die schneidende Feststellung von Robert Kagan zu zitieren, „sollten wir uns nicht länger vormachen, dass Europäer und Amerikaner eine gemeinsame Weltanschauung haben, oder auch nur, dass sie dieselbe Welt bewohnen".[28] Die Vereinigten Staaten, so macht Kagan geltend, bleiben im Sumpf der Geschichte stecken, indem sie Macht in einer anarchischen Hobbesschen Welt ausüben, während Europa sich schon weiterbewegt (wenngleich, das wollen wir beobachten, halbherzig und nicht ohne so manchen Schluckauf, häufiges Zurückrudern und zahlreiche Neuüberlegungen) zur Kantischen Welt des ewigen Friedens, in der Recht, Verhandlung und Kooperation die Oberhand gewinnen, wo einstmals Gewalt und rohe Kraft herrschten.

Europa ist gut vorbereitet, den Weg vom Hobbesschen Planeten zur Kantischen „allgemeinen Vereinigung des Menschengeschlechts", wenn nicht anzuführen, so doch wenigstens zu weisen. Es hat diese Straße, zumindest den ersten Teil davon, selbst durchlaufen bis hinauf zur Station der friedlichen nachbarschaftlichen Kohabitation und kennt nur zu gut die Kosten von Umwegen und Verzögerungen für die Menschen. Und das letzte halbe Jahrhundert über hat es die Maßnahmen, wenngleich mit nur gemischtem Erfolg, praktiziert, die ergriffen werden müssen, wenn ein weiterer Fortschritt auf diesem Weg erzielt werden soll.

Étienne Balibar spricht von der „Lektion der Tragödie", die Europa am Ende gelernt hat.[29] Nach Hunderten von Jahren massiven Blutvergießens, ob man darüber nun in religiösen, ethnischen, Stammes-, Rassen- oder Klassenbegriffen redet – in heiligen und unheiligen Kreuzzügen, die im Rückblick auf eine unheimliche Weise wie Brudermord aussehen, in jeder Hinsicht genauso unmoralisch, unedel und unheroisch wie grausam und wild, und die als bloße Anfangsschwierigkeiten einer unreifen, rudimentären und immer noch irrationalen Menschheit abgetan werden könnten, wären die Verwüstungen, die sie in ihrer Inhumanität hinterließen, nicht so riesenhaft und so schockierend –, kam der Augenblick des Erwachens und der Ernüchterung, der Europa in eine bislang unvollendete Ära des Experimentierens mit dem, was Balibar (nach Monique Chemillier-Gendreau) eine „transnationale öffentliche Ordnung" nennt, einführte; eine Art von Rahmen, in dem Clausewitz' Regel nicht länger gilt und Kriege weder natürliche noch zulässige Fortsetzungen politischen Handelns sind. Was Europas scheinbar internen Anliegen und *heimischen* Anstrengungen eine besondere Bedeutung für die im Entstehen begriffene *planetarische* Ordnung verleiht, ist freilich die allmählich dämmernde Anerkennung der Wahrheit, die durch die immer offensichtlichere Globalität der menschlichen Interdependenz vor Augen geführt wird: dass Widerstand gegen Gewalt unwirksam bleiben muss und einfach nicht funktionieren wird, wenn er auf den „metropolitanen" Rahmen beschränkt wird. Zwei von Balibar erwähnte Lernprozesse kommen in dieser Wahrheit zusammen.

Zuerst das „wachsende Bewusstsein von den Realitäten der Kolonialgeschichte" Europas. Europa pflegte die Welt in die Bereiche der „Zivilisation" und der „Barbarei" einzuteilen, nahm aber nicht zur Kenntnis und/oder weigerte sich zuzugeben, was es jetzt zu akzeptieren beginnt – dass „die größte Barbarei gewiss nicht auf der Seite war, die wir uns vorgestellt hatten", selbst wenn Zuflucht zu Gewalt und Inhumanität nicht nur eine idiosynkratische Vorliebe der Eroberer gewesen ist.

Zweitens: Europas lange und verwickelte Beziehung zum Rest des menschlichen Planeten, die allseitige und aufdringliche europäische Präsenz in praktisch jedem Winkel des Globus, wie weit entfernt auch immer, hat ihren Widerhall gefunden in einem „mächtigen, irreversiblen Prozess der Hybridisierung und eines Multikulturalismus, der jetzt Europa transformiert, der „Europa, sei es auch mit beträchtlichem Zögern und Rückschlägen, dazu bringt anzuerkennen, dass der Andere eine notwendige Komponente seiner 'Identität' ist".

Die beiden Lernprozesse haben Europa an einen Punkt geführt (oder bringen es dahin), wo „die Kombination verschiedener Ressourcen für die Institutionalisierung von Konflikten und die progressive Einführung neuer Basisrechte" (oder, um Amartya Sens Terminologie zu verwenden, neuer „Fähigkeiten") aller Wahrscheinlichkeit nach zu einem weithin akzeptierten Imperativ werden – eine neue Form des Zusammenlebens und des Lebens mit den Verschiedenheiten der jeweils Anderen, dazu bestimmt, die heftigen Gewaltausbrüche zu ersetzen und der Kriegsoption einen Riegel vorzuschieben. Diese Erwartung ist von Eugen Weber als die Aufgabe porträtiert worden, „die Spielstände lokaler Vaterländer und Kulturen in eine einzige große, abstrakte Entität"[30] zu verschmelzen – eine Großtat, die in der Ära der Nationalstaaterrichtung schon einmal in/von Europa vollbracht worden ist, jetzt aber von Neuem auf der unmittelbaren Tagesordnung auftaucht, obgleich dieses Mal mit der zusätzlichen Herausforderung des gewaltigeren planetarischen Maßstabs. Die Aussicht ist alles andere als ein sicherer Schluss. Tatsache ist, dass „Mitgefühl an Kraft verliert, wenn es zu universalen Proportionen aufgebläht wird." Solidarität in nationalem Maßstab war eine schwierige Sache; es brauchte Zeit sie einzuüben. Weltsolidarität erweist sich als noch losere Bindung".

Ungeachtet der beängstigend geringen Chancen ist der energische Versuch, diese Aussicht zu realisieren, trotzdem ein Muss. Es ist eine Sache von Leben und Tod für jeden Beteiligten – für die gegenwärtig Deprivierten und die gegenwärtig Privilegierten gleichermaßen –, einen Rahmen zu schmieden, der geeignet ist, die Vielfalt menschlicher Lebensformen aufzunehmen und diese Formen dazu zu bringen, sich kooperativ im Geiste und zu gegenseitigem Nutzen auf eine friedliche Interaktion einzulassen. Und Europa hat dank seiner einzigartigen Geschichte eine bessere Ausgangsposition als jeder andere Teil der Menschheit, sich einer solchen Herausforderung gewachsen zu zeigen. Es kann überzeugend und effektiv darauf insistieren, dass dann, wenn es darum geht, eine Form des Zusammenlebens auf einem Planeten zu finden, der sich zu einem dichten Netzwerk wechselseitiger Abhängigkeiten entwickelt hat, es in der Tat *keine lebensfähige oder plausible Alternative* gibt. Denn Sicherheit und Wohlergehen eines Teils des Planeten können nicht länger erreicht, geschweige denn garantiert werden, wenn das Recht auf ein sicheres und würdiges Leben nicht auf alle erweitert wird, sowohl dem Buchstaben nach wie in der Tat.

Robert Fine diskutiert diese Aussicht in Bezug auf eine im Entstehen begriffene Geisteshaltung (die sich, nicht unerwartet, am optimistischsten in Europa ausbreitet), und die er „den neuen oder wirklich existierenden Kosmopolitanismus" nennt:

> Es handelt sich um eine Denkweise, die ihre Opposition gegen alle Formen eines ethnischen Nationalismus und religiösen Fundamentalismus sowie gegen die ökonomischen Imperative eines globalen Kapitalismus erklärt. Sie sieht die Integrität des zeitgenössischen politischen Lebens sowohl durch die Globalisierung der Märkte wie durch regressive Formen der Revolte gegen Globalisierung bedroht und zielt darauf, das politische Leben auf der Basis einer aufgeklärten Vision friedlicher Beziehungen zwischen Nationalstaaten, von allen Weltbürgern geteilter Menschenrechte und einer globalen Rechtsordnung,

die durch eine globale Zivilgesellschaft unterstützt wird, zu rekonstruieren.[31]

Die obige Beschreibung, beeilt Fine sich hinzuzufügen, bezieht sich in gleichem Maße auf „einen theoretischen Ansatz für das Verstehen der Welt", „eine Diagnose des Zeitalters, in dem wir leben", und „eine normative Einstellung zugunsten universalistischer Maßstäbe von Moralurteilen, internationalem Recht und politischem Handeln". Alle drei haben, wohl gemerkt, ihre Wurzel tief in der europäischen Erfahrung und der ebenfalls europäischen Interpretation und Darstellung ihrer Bedeutung.

Wie der große liberale Denker Richard Rorty behauptet, hatten „die Marxisten in einem Punkt recht: Die zentralen politischen Fragen sind die nach den Beziehungen zwischen Arm und Reich".[32] Und trotzdem „haben wir jetzt eine globale Überklasse, die alle größeren ökonomischen Entscheidungen trifft, und zwar in völliger Unabhängigkeit von den legislativen Körperschaften – und *a fortiori* vom Willen der Wähler – jedes beliebigen Landes". „Das Fehlen einer globalen Verfassung bedeutet, dass die Superreichen ohne jeden Gedanken an irgendwelche Interessen außer ihren eigenen operieren können." Aber, wie ich hinzufügen will, dieses Fehlen bedeutet auch, dass die „Superreichen" mit einer nur geringen oder gar keiner Chance auf eine wirksame Opposition operieren, die sie daran hindert, ihre „eigenen Interessen" so eng zu definieren, dass ihre Handlungen nicht nur unsensibel, grausam und gelegentlich mörderisch, sondern geradezu selbstmörderisch sind.

Das ist nicht nur eine Frage der kurzsichtigen Polarisierung gegenwärtiger und zukünftiger Lebensbedingungen mit unkalkulierbaren und gleichwohl desaströsen Auswirkungen auf die Sicherheit und Würde des menschlichen Lebens. Angesichts der entschiedenen Weigerung des privilegierten Teils der Menschheit, das skrupellose Plündern und

Verbrennen der Energieressourcen des Planeten zu mildern, ist es das nackte *Überleben der menschlichen Spezies*, das jetzt auf dem Spiel steht. Mit den Worten von George Monbiot, der das übereinstimmende Urteil von Klimaexperten zusammenfasst:

> Wir haben nicht das Ende von Ferien in Sevilla vor Augen. Wir haben das Ende der Umstände vor Augen, die es den meisten Menschen erlauben, auf der Erde zu bleiben … Mit anderen Worten, wenn wir es dem Markt überlassen, unsere Politik zu beherrschen, sind wir erledigt. Nur wenn wir die Kontrolle über unser wirtschaftliches Leben erlangen und die Mittel fordern und schaffen, durch die wir unseren Energieverbrauch auf zehn oder zwanzig Prozent der gegenwärtigen Levels reduzieren können, werden wir die Katastrophe verhindern, die wir als rationale Wesen begreifen können.[33]

Wolf Lepenies fasste seine Poznań-Vorlesung so zusammen, dass er nach einem „neuen Marx" rief, der anstelle von *Das Kapital: Kritik der politischen Ökonomie* ein Buch mit dem Titel *Die Finanzmärkte: Kritik der entpolitisierten Ökonomie* schreiben würde. Von der Repolitisierung der Ökonomie hängt, wie Lepenies insistierte, das Überleben der Demokratie ab. Aller Wahrscheinlichkeit nach, können wir hinzufügen, ist es nicht nur das Überleben der Demokratie, sondern auch die fortdauernde Existenz der Spezies, die diese Demokratie geschaffen und für gut befunden hat, die von diesem Sprung abhängt – von der „Großen Transformation, 2. Version", die der ursprünglichen Großen Transformation folgen muss, die vor einigen Jahrhunderten von Europa initiiert wurde.[34]

Das Ende der Geschichte ist ein Mythos – oder eine vermeidbare Katastrophe. Und dasselbe gilt für das Ende des europäischen Abenteuers – für das Ende von Europa als Abenteuer.

2. IM SCHATTEN DES IMPERIUMS

Seit Europa sich bewusst wurde, Europa zu sein (das heißt, seit es seine Ambitionen als Maßstäbe setzte, denen es sich in seiner eigenen Praxis unterwarf und zu deren Übernahme es alle anderen überredete), hatte es nie Gelegenheit, die Kunst zu erlernen, im Schatten einer Macht zu leben, die mächtiger war als es selbst, ehrgeiziger und erfinderischer in ihrer Entschlossenheit, die eigenen Ambitionen zum Maßstab für die Praxis aller anderen zu machen, und infolgedessen auch nicht, solche importierten/auferlegten Maßstäbe zum Vorbild für die eigene Praxis zu nehmen.

Europa war niemals in Gefahr, durch einen andern Kontinent erobert zu werden – und war niemals zuvor von oben herab angesehen und als zweitrangige Macht verunglimpft worden, verpflichtet, einem fremden Imperium Treue zu schwören und sich bei einer fremden Macht einzuschmeicheln, die zu besänftigen, zu befrieden oder zu seiner eigenen Lebensweise zu bekehren es wenig Hoffnung hatte – geschweige denn, sie zu unterwerfen und seinem eigenen Willen unterzuordnen. Europa hatte niemals mit dem entwürdigenden Bewusstsein seiner eigenen Unterlegenheit gelebt und mit der Erfahrung, zu Lebensmustern aufblicken zu müssen, die von anderen gepredigt und praktiziert wurden, seine eigenen Handlungen an solche Muster anzupassen und anzugleichen, fremde Lebensformen nachzuahmen und/ oder ihnen zu entsprechen, indem man die eigenen Lebensformen auf deren Ebene hob. Unter Europas zahlreichen erworbenen Fähigkeiten ist die Abwesenheit von Fertigkeiten, die solcherlei Umstände erfordern, augenfällig.

Europa war folglich durch seine Geschichte und seine vormalige Konzeption der Globalordnung als einer *pax europeana* und der Menschheit als Endprodukt der fortschreitenden Universalisierung der europäischen Lebensweise nicht auf eine Situation vorbereitet, die solche Fertigkeiten verlangt. Wenn Donald Rumsfeld, der amerikanische Verteidigungsminister, verächtlich vom „Alten Europa" spricht (womit er ein Europa impliziert, das seine Zeit überlebt hat, ein Europa, das überholt ist und hinterherhinkt, ein antiquiertes und obsoletes Europa, ein Fossil aus vergangenen Tagen), ist das Objekt seiner Ironie und Verachtung ein Europa, das seinen Erinnerungen an vergangene Ruhmestaten nachhängt, das immer noch wünscht, die erste Geige zu spielen, und sich weigert, die zweite zu akzeptieren, und sich selbst im Wahn wiegt, es könne andere nach seiner Pfeife tanzen lassen.

In ihrer (oben zitierten) kurzen und scharfen Analyse des Zusammenpralls von „europäischen Werten" (lies: Europas historisch geformten und tief verwurzelten Präferenzen und Urteilskriterien) und „amerikanischen Interessen" zitieren Vladislav Inozemtsev und Ekaterina Kuznetsova einige maßgebliche oder einflussreiche Meinungen, die die unausgesprochenen Prämissen von Rumsfelds Verdikt artikulieren. „Amerika steht in den vier entscheidenden Bereichen globaler Macht: militärisch, ökonomisch ... technologisch und kulturell, an oberster Stelle. Es ist die Kombination aller vier, die die USA zur einzigen umfassenden globalen Supermacht macht", so schreibt Zbigniew Brzezinski.[1] Henry Kissinger wagt sich einen Schritt weiter. „Bei der Morgendämmerung des neuen Millenniums genießen die USA einen Vorrang, der selbst unter den größten Imperien der Vergangenheit nicht seinesgleichen hat."[2] Joseph S. Nye Jr. stimmt zu: „Seit Rom hat keine Nation andere so sehr überragt."[3] In seiner breit debattierten Studie unterstützt Robert Kagan diese Ansicht: „An historischen Maßstäben gemessen bleibt Amerikas Militärmacht in der Zeit nach dem Kalten Krieg, besonders seine Fähigkeit, diese seine Macht in allen Ecken und Winkeln des Globus ausüben zu können, ohne Vorgänger."[4]

Genau wie der Sonnenuntergang der europäischen Hegemonie Europa überraschte, traf auch der plötzliche Aufstieg der Vereinigten Staaten zur Position der einzigen Supermacht und unbestrittenen (zumindest nicht *realistisch* bestrittenen) weltweiten Hegemonie die amerikanischen politischen Führer und Meinungsmacher überraschend. Es war nicht zu erwarten, dass über Nacht rationale, durchdachte und sorgfältig abgewogene strategische Antworten auf einen plötzlichen und unerwarteten Schicksalswandel ausgearbeitet sein würden; aller Wahrscheinlichkeit nach folgt dem Trauma eine erratische und inkonsistente Kette von verworrenen und verwirrenden ruckartigen Reaktionen „aus dem Bauch heraus", *ad hoc*-Improvisationen und Glücksspielen. Es ist deshalb zu früh, sich über die Natur des neuen amerikanischen Imperiums zu erklären, ein allgemeines Urteil über seine Strategie und seinen Einfluss auf den Zustand des Planeten zu fällen. Noch weniger ist es an der Zeit, über seine zukünftigen Drehungen und Wendungen und die Form, in der es am Ende, wenn überhaupt, zur Ruhe kommen wird, Prognosen abzugeben. Gegenwärtig ist das Verhalten des neuen Imperiums ein bedeutender, möglicherweise *der* bedeutendste Faktor jener Ungewissheit, die zuerst Kenneth Jowitt und in jüngerer Zeit Tzvetan Todorov (genau zu der Zeit, als die Vereinigten Staaten sich allein auf einem Schlachtfeld vorfanden, das von der Gegensupermacht verlassen worden war) mit dem Begriff „Neue Weltunordnung" zu erfassen versucht haben.

Michael Mann charakterisiert die Stimmung, in der solches Verhalten von denjenigen wahrgenommen wird, die sich selbst auf einem imperialen Spielplatz wiederfinden – das heißt überall auf dem verblüfften Planeten, mit den ‚Worten: „Amerika wird als ein aufgescheuchtes, missgestaltetes Monster angesehen, das ungeschickt durch die Welt stolpert. Es meint es gut. Es beabsichtigt, Ordnung und Wohlwollen zu verbreiten, aber stattdessen schafft es nur mehr Unordnung und Gewalt."[5] Man könnte die gegenwärtige Mischung aus

Furcht und Bestürzung vielleicht noch besser einfangen, indem man das Gleichnis vom „Elefanten im Porzellanladen" bemüht. Die Stärke des Elefanten spielt für das Schicksal des Porzellans eine größere Rolle als die Absichten des Elefanten – das heißt, wenn er überhaupt eine spezifische Absicht hat und sie konsequent verfolgt. Alternativ könnten wir mit Arnold Toynbee (in seiner Radioansprache vom 14. Juli 1954) sagen: „Amerika ist ein großer, freundlicher Hund in einem sehr kleinen Raum. Jedes Mal, wenn er mit dem Schwanz wedelt, wirft er einen Stuhl um."

Die Stärke der amerikanischen Supermacht ist tatsächlich atemberaubend und überwältigend: Der Bundeshaushalt der Vereinigten Staaten für das Jahr 2003 steigert die Militärausgaben der Vereinigten Staaten auf vierzig Prozent der Gesamtsumme, die in der ganzen Welt für Waffen ausgegeben werden. „Sie übertreffen die Ausgaben aller nächstfolgenden 24 Staaten zusammen und sind 25-mal größer als die kombinierten Ausgaben aller sieben 'Schurkenstaaten', die von den Vereinigten Staaten als der Feind identifiziert worden sind."[6] Eine derartige massive Akkumulation von Waffen, die kein anderer Staat auch nur annähernd erreicht, versetzt Amerika in eine militärisch unangreifbare Lage. Infolgedessen ist Amerika, wie Michael Ignatieff sagt, „die einzige Nation, die die Welt durch fünf globale Militärkommandos polizeilich überwacht; die mehr als eine Million Männer und Frauen auf vier Kontinenten unter Waffen hat, Flugzeugträger samt Begleitschiffen in jedem Ozean Wache halten lässt, das Überleben von Ländern von Israel bis Südkorea garantiert."[7]

Zwangsgewalt ist die einzige Ressource, auf die die Vereinigten Staaten zu jedem Zeitpunkt ohne ungebührliche Verzögerung zurückgreifen können und deren sie sich sicher sein können: Die Qualität der Waffen unter ihrem Kommando ist zweifellos unerreicht und unerreichbar für jedermann auf dem Planeten. Die Leistungsfähigkeit von Waffen (das, wofür sie verwendet werden können und für welcherart

Aufgabe sie gut – will sagen: fraglos überlegen – sind) bestimmt ihre möglichen Verwendungen; und so ist Krieg die natürliche erste Reaktion auf eine Krise (in ihrer ursprünglichen, Hippokratischen Bedeutung als Moment, der einer Entscheidung und Handlung bedarf). Und, wie Montesquieu bekanntlich aus seiner Kenntnis der Geschichte des Römischen Reichs schloss: Ein Imperium, das durch Krieg begründet worden ist, muss sich auch durch Krieg erhalten. Ein Imperium kann die Kriege wählen, die es zu führen gedenkt (obgleich es vielleicht nicht wählt, davon Abstand zu nehmen, einen Krieg zu wählen), aber die Wahl wird in der Regel durch die in seinem Besitz befindlichen Waffen bestimmt. Und ebendas fand Tzvetan Todorov in der amerikanischen Entscheidung wieder, einen Krieg gegen den Irak zu führen, trotz allem, was für alle Beteiligten offensichtlich gewesen muss: dass Bombardierung und Einmarsch in den Irak das manifeste Kriegsziel, die Vernichtung des Terrorismus, der offensichtlich ein übernationales und extraterritoriales Phänomen ist, nicht näher bringen würden. „Krieg gegen Terrorismus ist keine einfache Aufgabe – er verlangt Geduld und Zähigkeit. Der Krieg gegen den Irak war vergleichsweise leicht, es genügte, das Land zu bombardieren, und es zerfiel unter dem Druck einer unendlich überlegenen Macht zu Staub."[8]

Todorov weist darauf hin, dass die latente, obgleich (hoffentlich) rationale Ursache des Irak-Krieges schwer, vielleicht unmöglich zu lokalisieren ist. In Fällen, wo die öffentlich dargelegten Erklärungen nicht von fehlerhaften Überlegungen, Mangel an Einbildungskraft oder krassen Rechenfehlern und Fehlurteilen unter den Planern zeugen, sind sie offensichtlich trügerisch und zumeist von PR-Erwägungen bestimmt: Saddam Hussein und Osama Bin Laden waren geschworene Feinde, keine Kollaborateure, und Massenvernichtungswaffen waren nicht im Besitz Iraks. Selbst die Erklärung, die unter Kriegsgegnern verbreitet war (dass der

Wunsch, die Kontrolle über den zweitgrößten Vorrat an Rohöl in der Welt zu gewinnen, der wahre Grund gewesen sei, den Irak als Kriegsziel zu wählen), spricht nicht gerade für die Rationalität der Kriegsplaner: „Der Krieg selbst kostet zu viel, die Besetzung, die der Krieg provoziert, ist ruinös und alle Vorteile, die aus dem Preis des Öls gezogen werden, werden von vorneherein durch die Militärausgaben zunichte gemacht."[9]

Gleichwohl ist der Verdacht nicht leicht von der Hand zu weisen, dass es bei dem Interesse, das die US-Militärmacht in jüngster Zeit am Mittleren Osten zeigt (Afghanistan, Irak, möglicherweise Iran, Syrien und Saudi-Arabien, ganz zu schweigen von der verstohlen, trotzdem energisch sich ausweitenden militärischen Präsenz Amerikas in den früheren Sowjetrepubliken Asiens), „lediglich um Öl geht", wie David Harvey kurz und knapp sagt.[10] Wie Harvey darlegt, hat „die Ausbeutungsrate von Ölreserven die Entdeckungsrate seit etwa 1980 überholt. Öl wird langsam immer seltener". Die meisten der noch bestehenden Rohölreserven werden wahrscheinlich in etwa zehn bis zwanzig Jahren vollständig erschöpft sein; nur die Ölfelder des Mittleren Ostens versprechen noch ein weiteres halbes Jahrhundert an Ausbeute. Wer immer die letzten verbleibenden Ölvorräte auf einem zunehmend ölhungrigen und ölabhängigen Planeten kontrolliert, kann hoffen, ein veritabler Königsmacher der Weltpolitik und Bankhalter im Spiel der globalen Ökonomie zu werden – so lange, wie die Phantasie der Manager des Aktienkapitals reicht. „Was gibt es Besseres für die Vereinigten Staaten, um den Wettbewerb abzuwehren und seine eigene hegemoniale Position zu sichern, als Preis, Bedingungen und Verteilung der ökonomischen Schlüsselressource zu kontrollieren, auf die sich diese Konkurrenten verlassen?" Das ist freilich nur eine rhetorische Frage.

Trotzdem können wir immer noch dagegenhalten, dass ebenjener Versuch, eine rationale Erklärung für den Krieg zu suchen und zu artikulieren, von der schon von Montesquieu enthüllten Wahrheit wegführt. Es gibt keinen rationalen Grund für einen Krieg, und Krieg braucht keine rationalen Gründe. Die Fähigkeit, nach Belieben einen Krieg zu führen, ist alles an Rationalität, was das Überleben des Imperiums braucht (oder eher: sich leisten kann). Das Imperium gründet seine Hegemonie auf die überlegenen, immer steigenden und technisch vervollkommneten Vorräte an raffinierten Waffen, die nur so verwendet werden können, wie sie im Irak verwendet worden sind. Und *ein* rationales Element in der Begründungskette, die im Abschuss von smarten Waffen gegen den Irak endete, könnte die Erkenntnis gewesen sein, dass das Imperium, um seine imperiale Position aufrechtzuerhalten, von Zeit zu Zeit seine Waffen öffentlich, spektakulär und infolgedessen überzeugend zu Schau stellen muss.

Solche Vorführungen würden wahrscheinlich regelmäßig wiederholt werden, wäre die Macht des „real existierenden" Imperiums tatsächlich so gigantisch, wie Brzezinski, Kissinger und ihre Gesinnungsfreunde behaupten: so unendlich, dass es sich nichts aus den Beschränkungen macht, welche die Imperien der Vergangenheit in Sorge versetzen und letztlich zusammenbrechen ließen. Dies scheint freilich nicht der Fall zu sein. Die gegenwärtige amerikanische Version eines Imperiums kann es kaum mit den vereinten Kräften der imperialen Zentren des Kolonialzeitalters aufnehmen – und was in letzter Instanz zählt, ist die kombinierte Macht imperialer Herrschaft. Die wesentliche, wenngleich nicht einzige Schwäche des amerikanischen Imperiums rührt daher, dass es in den letzten Jahren jenes Zeitalters oder vielleicht sogar posthum, nach seinem Dahinscheiden entstanden ist.

Von Europa beherrschte Imperien mögen variiert haben – von den Riesenreichen, in denen die Sonne niemals unterging, bis hin zu winzigen und eher unbedeutenden überseeischen Enklaven, Militärbasen und Handelsposten. Weil es mehrere real existierende Imperien gab und eine unendliche und wechselnde Anzahl von Aspiranten, mögen die europäischen Staaten, die über sie herrschten, so gehandelt haben, als nähmen sie an einem Nullsummenspiel teil, überzeugt, jeder Fortschritt irgendeines kolonialen Imperiums müsse unvermeidlich nicht nur zur territorialen Auszehrung, sondern auch zu einer fundamentalen Schwächung der übrigen führen. Das war freilich eine eher kurzsichtige und engstirnige Ansicht, die sich scharf von dem Bild unterscheidet, das man sich auf der Empfängerseite der europäischen kolonialen Expansion davon machte. Aus der Perspektive der Empfängerseite *trugen* die Gewinne jedes einzelnen europäischen Landes zu der Gesamtstärke des kolonialistischen Unternehmens *bei*. Genau wie die europäische Perspektive die bunte Vielfalt nichteuropäischer Lebensformen in ein traurig verstümmeltes und verflachtes Bild „des Orients" zusammenfallen ließ, tendierte die vielfältige Erfahrung der nichteuropäischen Völker, die vielen und unterschiedlichen Kolonialregimes und von europäischen Kolonisten verfolgten Strategien ausgesetzt waren, dazu, in einem einzigen homogenen Begriff „des Westens" aufzugehen, zu verschmelzen und zu kondensieren. In den Augen der Länder, die die Invasion bereits erlebt hatten oder in der Furcht vor einer bevorstehenden Invasion lebten, vergrößerten territoriale Eroberungen, die von dem einen oder anderen der europazentrierten großen und kleinen Imperien gemacht wurden, den Glauben an die unumstößliche Überlegenheit und Unbesiegbarkeit. Indirekt verstärkten sie die Vertrauenswürdigkeit dieses Glaubens an eine vereinte und koordinierte Macht, die sich auf der anderen Seite der Konfrontationslinie entfaltete, ein Glaube, der die Europäer, in leidenschaftliche und oft blutrünstige Konflikte miteinander verbissen und in ständig wiederkehrende Kriege verwickelt – mörderische Bürgerkriege, selbst wenn sie auf weltweiter Bühne ausgefochten wurden –, vor

Rätsel stellte und verwirrte. In den Augen des „Restes der Welt" floss die Gruppe der europäischen Makro- und Miniimperien des „Weißen Mannes" in ein einziges weltweites und allmächtiges Imperium zusammen – in keiner Weise der Macht der gegenwärtigen amerikanischen Supermacht unterlegen, wenn ihr nicht sogar überlegen.

Die Verlautbarungen Brzezinskis, Kissingers und anderer über den beispiellosen Umfang und die Stärke der US-Herrschaft über den Rest der Welt gründen sich auf die Abwesenheit anderer Imperien und politischer/militärischer Einheiten, die fähig und gewillt wären, Imperien zu errichten, auf die Abwesenheit von Konkurrenten, die dasselbe Wild jagen und auf dieselben Trophäen aus sind. Tatsächlich ist und bleibt Amerika wahrscheinlich noch für lange Zeit allein auf dem Feld – der *einzige* Elefant im planetarischen Porzellanladen. Es gibt keine anderen – fähigen und bereitwilligen, geschweige denn lebensfähigen – Kandidaten für die Rolle als Weltreich. Das bedeutet aber nicht, dass die Kräfte des neuen Imperiums notwendig weniger beschränkt sind als die vereinten Kräfte des westlichen Imperiums von ehedem – geschweige denn, dass es die unbeschränkte Handlungsfreiheit genießt, die dem Westen auf dem Höhepunkt der imperialistischen Kolonialisierung beharrlich entging. Eher dürfte – angesichts der profunden Veränderungen, die der Weltzustand und die Chancen einer effektiven Intervention in ihn seit dem Höhepunkt des „alten Imperialismus" erfahren haben – das Gegenteil der Fall sein, jetzt oder vielleicht in Zukunft.

Zunächst einmal kommt der Anspruch der Vereinigten Staaten auf planetarische Hegemonie erst jetzt, nachdem alle früher bestehenden Imperien eines nach dem anderen erfolgreich bekämpft, zerschlagen, zum Rückzug gezwungen oder zur Implosion gedrängt worden sind. Die akkumulierte Erfahrung eines langwierigen und am Ende wirksamen antikolonialistischen Widerstands hat den kollektiv geschaffenen und am Leben erhaltenen Mythos von der Unbesiegbarkeit des Westens und „des Weißen Mannes" untergraben. „Der Westen", dessen nicht einfach kraftvollster, sondern vielleicht einziger militärische Arm und ständig angespannter Muskel jetzt die US-Armee ist, sieht nicht länger unbezwingbar aus. Seine Verwundbarkeit ist allgemein bekannt, seine fortdauernde Überlegenheit ist alles andere als ausgemacht und Widerstand erscheint nicht länger als aussichtslos.

Die Ära territorialer Expansion, Invasion und Annexion eroberter Länder und deren Kolonialisierung ist im Großen und Ganzen vorüber, ungeachtet einiger weniger Fälle sporadischen Schluckaufs der Erinnerung oder schlecht berechneter oder gedankenloser Reaktionen „aus dem Bauch". Macht wird nicht länger an der Größe des verwalteten Landes bemessen, besetzte Länder haben sich von einem Aktivposten in eine Verbindlichkeit verwandelt, eine unangenehme Last, der man besser ausweicht. In unserer gegenwärtigen Ära des Post-Raums (oder „Geschwindigkeit-Raums", um Paul Virilios Ausdruck zu verwenden), sind die Eroberung von fremden Ländern und, allgemeiner, territoriale Erwerbungen nicht länger die Kriegsziele: Der „Letzte auf dem Schlachtfeld" ist selten der Gewinner. Die Aufgaben und die Kosten, den Dreck oder die toxischen Trümmer, die von der militärischen Aktion zurückgeblieben sind, aufzuräumen und zu beseitigen, wird gerne den Besiegten überlassen; die Zuweisung dieser ungesunden, nicht beneidenswerten Aufgabe an sie ist der letzte Beweis für ihre Niederlage.

Territoriale Besetzung wird, wenn sie denn stattfindet, von allen Seiten als ein zeitweiliges Ereignis angesehen. Für die Sieger ist sie eher eine unangenehme Notwendigkeit als eine Sache abgewogener und besonnener Wahl; ein zeitweiliges Ärgernis, eine Anomalie und eine Notfallmaßnahme, die nur so lange dauern soll, bis die „Normalität" wiederhergestellt ist und der Alarm abgeblasen werden kann. Die bevorzugte Strategie des bewaffneten Konflikts ist *hit and run**: den ernannten Feind außer Aktion setzen und auf diese Weise die Ressourcen, über die er verfügte, den Verwendungen zuführen, die vom Sieger diktiert werden, während man jedes langfristige Engagement bei der tagtäglichen Erledigung der Aufgaben des verwüsteten Landes und seiner entmachteten Bevölkerung vermeidet. Wenn man das Wort „Imperium" überhaupt unter so radikal veränderten Umständen verwenden will, die durch grundlegende Veränderungen der Natur des Machtspiels und seiner Einsätze und Strategie gekennzeichnet sind, sollte es nur, wie Jacques Derrida riet, im Wissen geschehen, dass es *sous rature* verwendet wird – im vollen Bewusstsein der Abweichung von seiner konventionellen Bedeutung.

„Sollte geschehen" bedeutet freilich nicht, dass es auch wirklich geschieht. Die Chancen stehen schlecht. Die Verwendung *sous rature* (eine verbreitete Gewohnheit, die tief in der Praxis der Umgangssprache verwurzelt ist) ist eine notorische Quelle semantischer Konfusion: Sie steckt die Bezugsgegenstände mit einer bleibenden „gespensterhaften Bedeutung" an, die ihr Verständnis eher vernebelt als aufklärt und allzu oft Antwortmuster anregt und motiviert, die früher einmal erprobt und getestet worden, aber gegenwärtig außer Mode und unangemessen sind. Die vielleicht schlagendsten Beispiele von irregeleiteten Antworten sind diejenigen, die von der Metropole des „Gespensterimperiums" geliefert werden (eine auf den neuesten Stand gebrachte Version des ähnlich gespensterhaften „Heiligen Römischen Reiches", das in krassem Widerspruch zu den Realitäten des Mittelalters stand): spontan improvisierte *ad hoc*-Kampagnen mit geringer, wenn überhaupt einer Konsultation, in der Annahme, dass in Abwesenheit anderer Agenten, die fähig und/oder willens sind, um ökumenische Hegemonie zu wetteifern,

---

* [A.d.Ü.: Ausdruck aus dem Baseball: Der Läufer beginnt seinen Lauf zum nächsten Mal *(base)*, sobald der Schläger den Ball geschlagen hat.]

Amerika „es alleine schaffen kann", ohne auf Meinungen Rücksicht zu nehmen, die nicht von Waffenarsenalen unterstützt werden – genau wie es selber ungestraft die Arsenale unberücksichtigt lassen kann, die so evident den eigenen unterlegen sind. Früher oder später taucht hinter der zerstörten Illusion die Realität auf, und die Lektion wird (auf die harte Tour) gelernt – obgleich sie nur so lange memoriert wird, wie es dauert, die Arsenale wieder aufzufüllen und die Unterschiede der Waffen noch um einige Gürtellöcher zu erweitern. Frustration dämpft die Kriegsbegeisterung ausnahmslos dann, wenn der Krieg „gewonnen" ist (obgleich die Kriterien des Siegs quälend vage sind in einer Zeit, in der Kriege nicht sosehr eine Fortsetzung der Politik als vielmehr deren Abwesenheit sind, und Kriege meist deshalb geführt werden, weil man damit ungestraft davonkommen kann) und die Zeit kommt, den materiellen Schaden und die gesellschaftliche Unordnung, die im Kielwasser der Militäraktion zurückgeblieben ist, wiedergutzumachen.

Das Imperium schreitet/stampft/stolpert ruckartig von einer Kriegsepisode zur anderen, und seine alltägliche Existenz wird von ebenso vielen Rückzügen wie Vormärschen unterbrochen, obgleich von wenigen (wenn überhaupt) Perioden der Ruhe und der Stillstands.

Das neue „Imperium" kann nicht stillstehen. Es ähnelt mehr dem Wind als einem Felsen; es würde im selben Augenblick verschwinden, in dem es aufhören würde zu wehen. Was zählt, ist die Bewegung, nicht das Endziel oder die momentan verfolgte Richtung. Genau wie Gespenster nur in der Modalität des „Spukens" existieren („Gespenster" sind „plausible" Interpretationen eines Hauses, in dem es spukt), dauert das neue „Imperium" fort unter der Bedingung, dass es die Welt ständig an seine imperiale Präsenz erinnert. Das neue „Imperium" ist kein Gebilde, das auf der Landkarte verzeichnet werden könnte (wenn diese Landkarte nicht einfach ein Luftbild der gegenwärtig sich vollziehenden imperialen

Kampagnen und ihrer momentanen Spuren ist), sondern eine Seinsweise. Truppen können kommen und gehen, und es ist nicht sosehr ihre Macht zu bleiben, die das Gespenst des Imperiums über dem Planeten schweben lässt, als vielmehr ihre unwiderstehliche Fähigkeit, uneingeladen zu einem Zeitpunkt ihrer Wahl einzutreffen und sich unvermutet zu verabschieden, so schnell es die Generäle wünschen.

Truppen schweben nicht als Speerspitze einer neuen Ordnung und neuer Regeln der menschlichen Koexistenz ein. „Regimewechsel", „einen Diktator stürzen", „den Weg zur Demokratie ebnen" oder „Völker befreien" sind dann bald nicht viel mehr als PR- Schlagwörter, wie sicher (oder aufrichtig) diejenigen, die sie ausgegeben haben, um den Krieg zu rechtfertigen, an ihre Wahrheit geglaubt haben mögen. John Pilger, der die Lage auf einem der Schauplätze solcher Kriege untersucht hat, erinnert daran, dass „George Bush vor zwei Jahren Afghanistan 'die Großzügigkeit Amerikas und seiner Verbündeten' versprach. Jetzt gewinnen die altbekannten Warlords wieder die Macht zurück, der religiöse Fundamentalismus erneuert seinen Griff und militärische Scharmützel dauern routinemäßig an".[11] Alles ist vom Regen in die Traufe gefallen. Ein Report von *Human Rights Watch* dokumentiert, „dass Armee und von den Warlords kontrollierte Polizeitruppen ungestraft Dorfbewohner entführen und sie für Lösegeld in inoffiziellen Gefängnissen festhalten; dass Vergewaltigung von Frauen, Mädchen und Jungen an der Tagesordnung ist, ebenso wie routinemäßige Erpressung, Räuberei und willkürlicher Mord". All dies begangen „von bewaffneten Banditen und Warlords, die von den Vereinigten Staaten und ihren Koalitionspartnern nach dem Sturz der Taliban im Jahre 2001 an die Macht gebracht worden sind." Seit Oktober 2001 sind mehr als zehn Milliarden Dollar für Afghanistan ausgegeben worden, angeblich für seinen „Wiederaufbau"; aber achtzig Prozent dieser großzügigen Summe waren dafür bestimmt, das Land zu bombardieren und die Warlords zu bezahlen. Pilger zitiert einen Beamten des State Departments, der in einer privaten Besprechung, die schon im Januar 1997 stattgefunden hat, der Hoffnung Ausdruck verlieh, dass Afghanistan „ein Ölprotektorat wie Saudi-Arabien" werde. Als ihm entgegengehalten wurde, Saudi-Arabien sei keine Demokratie und unterdrücke die Frauen, gab er zurück: „Damit können wir leben."

Eine Karte des Imperiums zu zeichnen wäre auch eine witzlose Übung, weil die auffälligste „imperiale" Eigenschaft der Seinsweise des neuen Imperiums darin besteht, den ganzen Planeten, gleichzeitig oder mit Unterbrechungen, als potenziellen Weidegrund und/oder Container expliziter oder verborgener, gegenwärtiger oder zukünftiger Bedrohungen für das Wohlergehen der Metropoliten anzusehen und zu behandeln. Die „aktuellen Relevanzen", die bestimmte Segmente des Globus ins Rampenlicht bringen, während sie andere unsichtbar machen und halten, verlagern sich je nach den gängigen und selbst eminent veränderlichen Definitionen der Interessen der Metropole.

Im Gegensatz zu den imperialen Metropolen von einst sind die Vereinigten Staaten nicht länger an territorialen Erwerbungen interessiert und halten sich aktiv von Verwaltungs-/Regierungsverpflichtungen außerhalb ihrer Grenzen fern. Benjamin R. Barber sagt: „Amerika blickt und schaut nach innen, während es nach Übersee nur schaut, um sein drohendes Auge auf 'feindliche' Ziele zu richten, die durch einen schwer zu fassenden Krieg gegen den Terrorismus definiert werden, und auf unrealistisch ausgewählte 'Schurkenstaaten', die als Ersatz für Terroristen stehen, die zu schwierig zu lokalisieren und zu vernichten sind".[12] Aus Sicht der Metropole folgen die Aufenthaltsorte und Grenzen des amerikanischen *Hinterlands* oder *Lebensraums* [deutsch i. O.] den Veränderungen in der Wahrnehmung der metropolitanen Interessen und Bedrohungen der metropolitanen Sicherheit. In dem Maße, wie sich die Grenzen verlagern, verlagern sich auch die umliegenden freundschaftlichen, feindlichen und gleichgültigen Segmente des Planeten – „Verbündete", „Feinde" und Klienten-Staaten. Die Seinsweise des Imperiums untergräbt den Wert und die Bedeutung von Grenzen, während die verstreuten Bestrafungseskapaden der imperialen Armee die Annahme der territorialen Souveränität jedweder Staaten immer wieder von Neuem untergraben.

Merkwürdigerweise ist es nicht bloß die territoriale Souveränität anderer Staaten, die unterminiert wird. Die Metropole wird zu einem „Kollateralschaden" des Prozesses, und dies ist ein weiterer Zug, der sie von der Metropole von früher unterscheidet. Auf der einen Seite ist es die Unfähigkeit, im Rahmen eines einzelnen Staates – wie groß, reich und mächtig auch immer er sein mag – eine ausgeglichene Zahlungsbilanz zu erzielen, die die amerikanische Metropole dazu bringt, globale Lösungen für interne, aber intern unlösbare Problem zu suchen (wie die Lieferung von billiger Energie oder Beschränkungen des Überschusses an Arbeitskräften und dessen potenziell verheerenden sozialen/politischen Auswirkungen) und sich im Verlauf dieser Suche auf „imperialistische" Aktionen einzulassen. Auf der anderen Seite können diese Aktionen, mögen sie auch politisch motiviert sein, schwerlich politisch gelenkt werden. Die Reichweite politischer Optionen ist ziemlich beschränkt, und in der Regel muss die Regierung das Zielsuchverfahren mit potenten ökonomischen Machtzentren teilen – und allzu oft ihnen überlassen –, die sie nicht kontrolliert.

Nationalstaaten, beobachtet Jürgen Habermas, werden zunehmend in ihrem Handlungsspielraum eingeschränkt und in ihrer kollektiven Identität verunsichert. „Die lähmende Aussicht, dass sich die nationale Politik in Zukunft auf das mehr oder weniger intelligente Management einer erzwungenen Anpassung an Imperative der 'Standortsicherung' reduziert, entzieht den politischen Auseinandersetzungen den letzten Rest an Substanz."[13] Regierungen werden auf die Taktik der *Standortkonkurrenz* [deutsch i. O.] reduziert, um frei fließendes globales Kapital dazu zu verleiten einzufließen und es zu beschwatzen, der Versuchung zu widerstehen, abzufließen.

Wer nach einer lebhaften Veranschaulichung der Hausierer/Bettlerrolle sucht, auf die die Regierungen bei ihrem Kampf reduziert worden sind, ihre Untertanen am Leben und von Unfug fernzuhalten, braucht nicht weiter zu suchen als auf der Website des britischen Handels- und Industrieministeriums – unter der Leitung von „New Labour" –, die, wie Polly Toynbee kürzlich beobachtete, „Britannien als Niedriglohn-, Niedrigarbeitsschutz-Nation" verkauft.[14] Man würde dort finden, dass die „gesamten Lohnkosten im Vereinigten Königreich zu den niedrigsten in Europa gehören", dass in Großbritannien „Angestellte daran gewöhnt sind, für ihre Arbeitgeber schwer zu arbeiten" [sic!], dass „im Jahre 2001 der Durchschnitt der Arbeitsstunden pro Woche [in Großbritannien] 45,1 für Männer und 40,7 für Frauen betrug", „während der EU-Durchschnitt bei 40,9 Stunden pro Woche lag", dass das „Gesetz in Großbritannien Arbeitgeber nicht verpflichtet, einen schriftlichen Anstellungsvertrag bereitzustellen" und dass das Königreich „die niedrigste Körperschaftssteuerrate unter allen größeren Industrieländern" habe.

Aber nicht nur Regierungen, die dadurch benachteiligt sind, dass sie nur kleineren und ökonomisch schwächeren Staaten vorstehen, sind die Hände gebunden. Mangels eines wahrhaft übernationalen Netzwerks politischer und juristischer Institutionen, die imstande sind, die launischen und oftmals zufälligen Ströme eines bereits übernationalen Kapitals „normativ zu lenken", findet sich selbst die Regierung der einzigen Supermacht der Welt, proklamiert als die Metropole eines planetenweiten Imperiums, in ziemlich derselben Klemme. So hat Richard Rorty schon 1996 dargelegt:

Die zentrale Tatsache der Globalisierung besteht darin, dass die ökonomische Situation der Bürger eines Nationalstaates nicht mehr der Kontrolle der Gesetze dieses Staates unterliegt. Früher war es so, dass die Gesetze einer Nation zu einem wichtigen und sozial nützlichen Ausmaß die Bewegung des Geldes dieser Nation kontrollieren konnten. Aber heute, da die Finanzierung von geschäftlichen Unternehmungen darauf beruht, dass man auf einen globalen Pool von Kapital zurückgreift, so dass Unternehmungen in Belo Horizonte oder in Chicago von Geld finanziert werden, das von serbischen Warlords, Gangstern aus Hongkong und den kleptokratischen Präsidenten afrikanischer Republiken auf die Kaiman-Inseln verschoben worden ist, können die Gesetze Brasiliens oder der USA nicht länger diktieren, dass das im Lande verdiente Geld auch im Land ausgegeben wird oder im Lande gespartes Geld auch im Lande investiert wird.[15]

Was das eine Prozent Amerikaner anbelangt, das vierzig Prozent des Reichtums des Landes besitzt, erklärt Rorty an anderer Stelle: „Ihre Dividenden wachsen typischerweise dann an, wenn Jobs von Ohio nach Südchina und von North Dakota nach Thailand ausgelagert werden."[16] Kein Wunder, dass für sie „in der amerikanischen Zukunft immer weniger auf dem Spiel steht". Die Idee, dass das, was für General Motors (oder auch Microsoft) gut ist, für Amerika gut ist, klingt längst nicht mehr selbstverständlich oder auch nur glaubwürdig, wenn das überhaupt je der Fall war. Im Anschluss an Michael Lind und Edward Luttwark prognostiziert Rorty eine Zeit, zu der ein Fünftel der US-Bevölkerung, ihr gut ausgebildeter „professioneller" Teil, „die Befehle der internationalen Superreichen ausführen wird". Ihre Loyalitäten können dann ganz woanders liegen als diejenigen der verbleibenden vier Fünftel. Das demokratische Defizit, das kontinuierlich in allen Ländern zunimmt, die in einen lokalen Wettbewerb verwickelt sind und entgegen aller Hoffnung auf die „Quadratur des

Kreises" hoffen (zu retten, was immer ihnen an Legitimität zu herrschen bleibt, zu einer Zeit, da ihre eigene Kapazität, Einfluss auf die Lebensbedingungen ihrer Bürger zu nehmen, ganz zu schweigen davon, sie zu bestimmen, von Tag zu Tag schwächer wird), affiziert die Metropole des planetarischen Imperiums nicht weniger oder genau sowenig wie die entfernteste oder machtloseste Peripherie auf dem Globus.

Mike Mormile trat im Alter von 21 Jahren in die Dienste der LTV-Stahlfabrik in Cleveland, Ohio. Zweiunddreißig Jahre später, am 19. Dezember 2002, an dem Tag, als LTV Konkurs anmeldete und die Konkursverwalter hinzuzog, wurde er überflüssig gemacht, zusammen mit 56 000 anderen Angestellten der Gesellschaft (alles in allem haben in den letzten Jahren mehr als 250 000 amerikanische Stahlarbeiter ihren Job verloren).[17] Mike Mormile verlor 65 Prozent seines Pensionsfonds, wie er auch über Nacht seine Krankenversicherung sowie die seiner Familie verlor. Die beiden verbleibenden Stahlwerke ISC und US Steel erwarben zu einem lächerlichen Preis einen kleinen Teil der bankrotten Fabriken, halbierten die Arbeitszeit, die für die Produktion einer Tonne Stahl vorgesehen war, weigerten sich aber, Verantwortung für die Rechte und Rechtsansprüche zu übernehmen, die ihre Angestellten im Verlaufe ihres früheren Arbeitslebens erworben hatten. Einigen sehr wenigen ehemaligen Stahlarbeitern wurde eine Beschäftigung in den stark ausgezehrten, von Wertstücken entblößten Fabriken angeboten. Das Gesamterzeugnis der geretteten Stahlfabriken liegt gegenwärtig beträchtlich unterhalb des Nachfrageniveaus in Amerika: Die Lücke wird gefüllt mit Stahl, der aus Ländern importiert wird, wo den Arbeitern sehr viel weniger gezahlt wird als in den USA und wo gewerkschaftlicher Schutz entweder gar nicht existiert oder noch unwirksamer ist als derzeit in den USA. Leo Gerard, der Präsident der Vereinigten Stahlarbeiter von Amerika, ist der Meinung, dass „die USA zum Absatzmarkt für die Überschussproduktion der globalen Stahlindustrie geworden sind".

Stahl ist nur eines von vielen Produkten und die „Nationalökonomie" der Vereinigten Staaten (ein weiterer Ausdruck, der seine gegenwärtige Bedeutung zum größten Teil aus einer versicherungsstatistischen Fiktion ableitet, die eher von einer buchhalterischen Konvention gestützt wird als von einer wirklichen „Totalität", und ein Ausdruck, der aus diesem Grunde, wenn überhaupt, nur *sous rature* benutzt werden sollte) ist nur eine von vielen „Nationalökonomien". Die Pointe ist allerdings, dass selbst das Land, das als Metropole des weltweiten Imperiums gilt, das selbst behauptet, dies zu sein, alles andere als gegen den feindlichen Einfluss jener deregulierten und zu großen Teilen extraterritorialen, unverankerten und freischwebenden ökonomischen Kräfte geschützt ist, die jetzt in der Lage sind, jeglichen lokal auferlegten Einschränkungen wirksam zu trotzen. Wie auch andere Regierungen hat die Bundesregierung der USA praktisch keine andere Wahl, als sich auf die *Standortkonkurrenz* [deutsch i. O.] einzulassen. Genau wie in anderen Ländern können ihre Versuche, flüchtiges Kapital an den heimischen Standort zu locken und es zu Hause zu halten, nicht anders als lauwarm und halbherzig sein. Kein Wunder, dass sie nur sporadischen Erfolg haben.

Nach allem Gesagten gibt es gute Gründe zu vermuten, dass die Misere der amerikanischen Ökonomie noch schlimmer ist, als der Lektüre der zunehmend quälenden Statistiken „des ökonomischen Wachstums" und besonders der Verteilung des „nationalen Reichtums" entnommen werden kann. Die nationalen Schulden der USA sind exorbitant. Amerika lebt auf Kredit, der vom Rest der Welt zur Verfügung gestellt (oder ihm aus den Händen gewunden) wird. Aber sie geben verschwenderisch aus und werfen mit Geld um sich, das sie nicht verdient haben. David Harvey schätzt, dass gegenwärtig ein Drittel der Regierungsschulden und 18 Prozent der Unternehmensschulden der USA gegenüber Ausländern bestehen. Die USA „hängen gegenwärtig von einem

Nettozufluss von Auslandsinvestitionen von über zwei Milliarden Dollar pro Tag ab, um ihre kontinuierlich steigenden gegenwärtigen Kontodefizite bei dem Rest der Welt zu decken".[18] „Dies", schließt Harvey, „macht die Ökonomie der USA außerordentlich verletzlich gegen Kapitalflucht." Die Frage, ob eine solche Situation, undenkbar im Fall von kleineren, „gewöhnlichen" nationalen Ökonomien, langfristig aufrechterhalten werden kann, und wie lange diese Frist sein kann, ist eine ominöse und potenziell verheerende Variable in der imperialen Gleichung. Es ist eine Frage, die sich auch jeder stellt ...

In seiner schneidenden Anklageschrift gegen das von Amerika geführte weltweite Imperium führt Benjamin Barber aus, dass das gegenwärtige Verhalten amerikanischer Führer (gebilligt und unterstützt von der Meinung des „Durchschnittsamerikaners") eine logische Folge des amerikanischen Isolationismus von vor einem Jahrhundert ist.

Es besteht in der Tat ein klares Element von Kontinuität zwischen den beiden anscheinend gegensätzlichen Einstellungen: eine Art „Metaannahme", die zeigt, dass sie nur zwei Varianten derselben Weltsicht sind. Dieser Annahme zufolge ist Amerika dazu verurteilt, sich auf *seinen eigenen* Schneid und Witz zu verlassen, es ist Amerikas Schicksal, das, was getan werden muss, *allein* zu tun. Von daher das Gebot: Amerika sollte sich andere vom Leib halten, ihre Hilfe annehmen, wenn es sich anbietet, aber sich erinnern, dass im Augenblick der Wahrheit und Abrechnung es an den Amerikanern und nur an ihnen liegt zu siegen. Amerika sollte sich ebenso vor falschen, verschlagenen und unzuverlässigen Freunden (und die meisten Freunde sind so) wie vor expliziten Feinden hüten, ja noch mehr – da man nicht vorhersehen kann, wie lange die Freundschaft selbst der aufrichtigsten Freunde hält. Aus diesem Gebot der amerikanischen Lebensphilosophie werden praktische Vorschriften abgeleitet, die sich auf alle Ebenen menschlicher Interaktion erstrecken – vom Untertitel der ungemein beliebten „Real TV-Show" *Survivor* – „Traue niemandem" – über Rumsfelds Insistieren, dass alle Koalitionen, die die USA zum Zweck der nächsten Militäroperationen bilden können, *„ad hoc"* sein und „flexibel" bleiben müssen, bis hin zu George Bushs Verdikt „Wer nicht für uns ist, ist gegen uns".

Der amerikanische Unilateralismus passt gut zur Erfahrung der amerikanischen Geschichte als unbezweifelbaren, weil niemals in Frage gestellten Wahrheiten. Er passt auch zum gesunden Menschenverstand des „Durchschnittsamerikaners", der gegen Zweifel immun ist, weil er gegen die Versuchung gefeit ist, Fragen zu stellen. „Der Kurs dieser Nation", insistiert George W. Bush, „hängt nicht von den Entscheidungen anderer ab"[19] – und es wäre entschuldbar, wenn man dächte, hier spräche ein früherer Präsident, Monroe, nicht der selbsternannte Führer der Welt. Barber beobachtet, dass *beide* Lager der amerikanischen politischen Elite (die er „Adler" bzw. „Eulen" tauft, beides Jäger, aber der erste schnell, stürmisch und rücksichtslos, der andere umsichtig, berechnend und zögerlich) „auf das souveräne Recht der unabhängigen USA und ihres 'erwählten Volkes' fixiert sind, sich zu verteidigen, wo, wann und wie immer sie wollen, gegen Feinde, die sie allein identifizieren und definieren dürfen".[20] Tatsächlich ist der einzige Unterschied zwischen der früheren isolationistischen und der gegenwärtigen unilateralistischen Einstellung die radikale Erweiterung des Raumes, innerhalb dessen amerikanische Interessen verteidigt werden müssen und wo Amerika letztlich ihr einsamer Verteidiger ist – die einzige Macht, die fähig und willens ist, amerikanische Interessen zu sichern und zu wahren.

In seiner Rede vom 29. Juni 2003 überließ Paul Bremer, der US-Administrator im besetzten Irak, wenig der Phantasie und noch weniger einer Abmachung oder Unterhandlung: „Wir beherrschen die Szene und wir werden … diesem Land unseren Willen aufzwingen"[21] – unter der stillschweigenden oder nicht ganz stillschweigenden Annahme, dass „wir", die ihren Willen durchsetzen, diejenigen sind, die die Szene beherrschen, und dass „die Beherrschung der Szene" ein hinreichender Grund für die Durchsetzung des Willens ist. Die Aussage zeigte ein hohes Maß an Selbstvertrauen, aber nur wenig Voraussicht. Zu der Zeit, als sie gemacht wurde, „schwelte" der Irak, mit den Worten von Mark Seddon, „in einen Guerillakrieg hinein", während Bagdad ein „geplünderter, bedrohlicher Ort war, wo die neue ‚provisorische Koalitionsregierung' es nicht einmal schaffte, dafür zu sorgen, dass das Licht funktioniert". Inzwischen sind die Lichter in den Gebäuden des Hauptquartiers möglicherweise funktionsfähig, aber es ist ihnen nicht gelungen, die Zukunft Iraks zu erleuchten. Der Guerillakrieg ist nichts weniger als zur Ruhe gekommen, während die Kämpfer, die ihn führen, und die Anzahl seiner direkten und kollateralen Opfer immer mehr werden. Bis zu welchem Ausmaß, wenn überhaupt, die Besatzungstruppen „die Szene beherrschen", ist zu einer Frage geworden, die täglich umstrittener wird.

Aber wie relevant für die gegenwärtigen Probleme des glücklosen Imperators ist die „Beherrschung" der Szene?

Jacques Derrida artikuliert das Problem, das sich mittlerweile in eine Binsenwahrheit verkehrt hat: Auf unserem globalisierten Planeten führen Terroristen keinen „Krieg", und die Vorstellung eines „Krieges gegen den Terrorismus" ist entweder eine abseitige und irreführende Allegorie oder ein sinnloser Begriff.[22] Der zeitgenössische globale (und global konzipierte, geborene und gewartete) Terrorismus entspricht keiner der drei Arten von Krieg, die Carl Schmitt noch vor einem halben Jahrhundert nüchtern als erschöpfende Klassifikation von Kriegen ansehen konnte: der zwischenstaatliche Krieg, der Bürgerkrieg und der Partisanen (Guerilla-)Krieg. In der terroristischen Aktivität ist das Verbindungsglied zwischen Gewalt und Territorium so gut wie zerbrochen.

Jürgen Habermas geht einen Schritt weiter. Er räumt zwar ein, dass der Ausdruck „Krieg" von den amerikanischen Führern verwendet werden konnte, weil er weniger anfechtbar war als seine Alternativen, sieht aber die Übernahme dieses Ausdrucks als einen „schweren" Missbrauch an, sowohl vom „normativen" wie vom „pragmatischen" Gesichtspunkt aus. Die Verwendung des Ausdrucks „Krieg" ist ein Irrtum vom normativen Gesichtspunkt aus, weil er Verbrecher zu Kriegsgegnern aufwertet, und „pragmatisch gesehen kann man gegen ein schwer greifbares 'Netz' keinen Krieg führen – wenn dieses Wort einen irgend bestimmten Sinn behalten soll".[23]

Wir können hinzufügen: Auf Terrorismus zu antworten, indem man „einen Krieg führt", zumindest in der Form, in der die Menge von Handlungen, die in ihrer Summe „Krieg" genannt werden, bislang unternommen worden sind, ist keine „Fortsetzung der Politik" durch diejenigen, die den Krieg erklären und führen. Die Pointe ist schließlich (um noch einmal Barber zu zitieren), dass Terror

> eher in dem erfolgreich ist, was er verspricht, als in dem, was er tatsächlich erreicht und so verwandelt er die Anstrengung, sich gegen ihn zu wehren, in sein Hauptwerkzeug ... Der Terrorist kann in einer Höhle sitzen oder in den Slums von Karachi und die Selbstzerstörung seiner Feinde beobachten rund um die anfängliche Furcht, die er mit einem einzigen und einzigartigen Akt des Terrors oder wenigen gut gewählten Anschlussdrohungen gesät hat ...[24]

Nach allgemeiner Ansicht ist es das höchste Ziel der Terroristen, einen Feind, dem in einer offenen Schlacht gegenüberzutreten sie viel zu schwach sind, zu lähmen und unfähig zu machen – indem sie ihn in einen permanenten Zustand von Unsicherheit und Furcht versetzen und manövrieren. Die Waffen, die die Terroristen besitzen oder die sie sich verschaffen können, sähen lächerlich primitiv aus, lägen sie auf einem Waffenhandelsmarkt neben der heißesten Technologie und den allerneuesten Geräten, die aus den Lagern und Forschungs- und Entwicklungs-Laboratorien der militärischen Supermacht stammen. Freilich haben die Terroristen einen riesigen Vorteil gegenüber den mächtigsten Waffen und ihren Nutzern: Sie können die Ressourcen der Supermacht einspannen – ihre zahlreichen öffentlichen Kommunikationssysteme und allgegenwärtigen Sicherheitsmittel, die nicht ihresgleichen haben, wenn es dazu kommt, die Mentalität einer „belagerten Festung" zu säen und zu kultivieren – um ihrer eigenen Strategie zu helfen, Furcht zu säen und deren Erfolg zu sichern.

Und, anders als die großen Bataillone und ihre schweren Waffen, können sich die Terroristen flink, heimlich und ohne Warnung bewegen. In dieser Kunst haben sie nicht ihresgleichen – und so ist es an der Supermacht, vergeblich davon zu träumen, mit der Agilität des Anderen konkurrieren zu können. Als getreue Ebenbilder der neuen weitgereisten Elite und des von jener Elite repräsentierten extraterritorialen Kapitals brauchen die Terroristen keine ungefügen, sperrigen und unbeholfenen Nachschubkolonnen, die ihre Bewegungsfreiheiten einschränken könnten. Sie lassen sich nicht durch das Territorialkriege führende Militär aufhalten, genauso wenig, wie sich die globalen Finanzen von Politikern aufhalten (oder auch nur verlangsamen) lassen, die verzweifelt versuchen, ihre Handlungsmacht auf territorial definierte Souveränität zu gründen. Versuche, die Terroristen-Armee zu lokalisieren, als bestünde sie aus Kolonnen, die zwischen befestigten Militärbasen hin und her marschieren, sind schlecht geplant und jammervoll unwirksam.

Wohl oder übel müssen imperiale Mächte versuchen, sich dem „terroristischen Modus" anzugleichen, obwohl die den Terroristen verfügbaren Mittel ihnen verwehrt sind. Aus diesem Grunde können sie sich den Versuch nicht leisten, damit aufzuhören, wie vergeblich – da erfolglos – ihre Versuche am Ende auch immer sind. Sie fühlen sich verpflichtet, frühere Investitionen durch immer neue zu toppen und buchstäblich „gutes Geld schlechtem hinterherzuwerfen". In Barbers Worten: die Vereinigten Staaten „müssen wiederholt ihren Machtbereich erweitern, um das zu bewahren, was sie schon haben, und so sind sie beinahe *per definitionem* überdehnt".[25]

Wie dramatisch, spektakulär und eminent „foto-opportun" sie auch sind, die sporadischen und verstreuten terroristischen Akte – selbst wenn sie im öffentlichen Bewusstsein durch die viel zahlreicheren, sich wiederholenden und zunehmend regelmäßigen Warnungen der Geheimdienste vor weiteren Akten vervielfältigt werden – stellen nur ein Symptom des globalen „Grenzlandes" dar, in dem alles geschehen und nichts ein für alle Mal getan werden kann, wo Regeln nur aufgestellt werden, um gebrochen zu werden, wo die *hit-and-run*-Taktik die einzige effektive Weise des Handelns ist und diejenigen, die solche Künste beherrschen, den höchsten Rang einnehmen (das heißt, bis sie von ihren ehrgeizigen und intelligenten Ersatzleuten übertrumpft werden). In diesem „Grenzland", entstanden durch die massive Deregulierung und Emanzipation der kapitalistischen Ökonomie von früheren lokalen (lies: nationalstaatlichen) Zwängen, gehen erweiterte Reproduktion und heftige Enteignung (wie Harvey sich ausdrückt)[26] Hand in Hand und sind selten, wenn überhaupt, voneinander unterscheidbar. In Harveys Terminologie: Das globale Kapital reproduziert sich selbst wie auch die Bedingungen seiner eigenen fortgesetzten Selbstreproduktion, indem es als seine wichtigste Waffe „Akkumulation durch Enteignung" einsetzt; das heißt, „die periodische Schaffung eines Vorrats an entwerteten und in vielen Fällen unterbewerteten Aktivposten in einigen Teilen der Welt, die durch die Kapitalüberschüsse, denen es anderswo an Gelegenheit fehlt, profitabel genutzt werden können".[27] Zur Zeit der asiatischen Finanzkrise von 1997/98 zum Beispiel führte die Kombination von „massiver Entwertung, vom IWF erzwungener finanzieller Liberalisierung und vom IWF erleichterter Erholung", wie R. Wade und F. Veneroso argumentiert haben, „zum größten Transfer von Werten einheimischer Eigner zu fremden Eigentümern, der jemals in den vergangenen fünfzig Jahren in der Welt zu Friedenszeiten stattgefunden hat".[28]

Kapital und Militär folgen einer überraschend ähnlichen *hit-and-run*-Taktik. Bislang (unter Marktgesichtspunkten) „jungfräuliche" Länder oder Arten von Gütern, die niemals zuvor in die Marktzirkulation eingeschlossen waren und keinerlei Tauschwert besaßen (z. B. vom Staat bereitgestellte Dienstleistungen und vom Staat verwaltetes öffentliches Eigentum, früher nicht zu Waren gemachte Ressourcen wie Wasser oder Material für genetische Studien, geistige Erzeugnisse oder selbst historische Traditionen und Erinnerungen) werden nun als mögliche Waren ins Auge gefasst. Sie werden ihrer Werte entblößt, die Profite der Aktionäre werden zeitweilig aufgebläht, und danach bewegt sich das Kapital schnell auf eine andere Weide, die noch nicht durch langes Abweiden verbraucht ist, und lässt die Massen der Expropriierten zurück – den „menschlichen Abfall" des letzten Kapitels in der Geschichte der kapitalistischen Entwicklung.

Während die Substanz der *hit-and-run*-Taktik im Falle militärischer Eskapaden die Flucht vor der Verantwortung für den im Lauf der militärischen Aktion angerichteten Schaden und seine Folgen ist, ist das Prinzip im Falle des Kapitals, sich der Verantwortung für die Konsequenzen der Enteignung zu entziehen – für die zahllosen Leben, die der Mittel zum Überleben und Selbstreproduktion beraubt sind und deshalb aller Wahrscheinlichkeit nach der Ausbeutung der Arbeitskräfte, die unter Bedingungen des Kapitals „emanzipiert" sind, keinen Widerstand leisten. In beiden Fällen ist die tödlichste Waffe der Angreifer ihre Bewegungsfreiheit und Geschwindigkeit; ihre Fähigkeit, im selben Augenblick, da alle Beutestücke eingesammelt, alle Werte geraubt sind, wenn alle weitere Zerstörung nicht mehr „schöpferisch" ist, vom Schlachtfeld zu fliehen und die Aufgabe der „Abfallbeseitigung" den geschlagenen und enteigneten „Ortsansässigen" zu überlassen. Die glaubwürdige Gefahr, dass das Kapital entflieht, ist der hauptsächliche Faktor, das „befreite" Humankapital – jetzt entkräftet und von jeder produktiven/ den Lebensunterhalt verdienenden Aktion ausgeschlossen – dem Zur-Ware-Gemacht-Werden und der Ausbeutung zu unterwerfen.

Ein „Grenzland" hat eine streng begrenzte Lebenserwartung, wenn es sich nicht extensiv und intensiv ausdehnt. In dieser *hit-and-run*-Taktik sucht das Imperium, das den Planeten in ein Grenzland verwandelt, die Zauberformel für sein eigenes Überleben. Es gibt eine positive Rückkopplung zwischen den Grenzland-Bedingungen und dem Kapitalismus der Globalisierungsära.

Das „neue Imperium" existiert im Reich eines Grenzlandes. Dies ist das einzige Reich, in dem es frei atmen kann; der einzige Raum, in dem es monoton die Bedingungen seines Überlebens wieder auferwecken und die Quellen seiner Vitalität auffüllen kann.

„Wir sollten uns nicht länger vormachen, dass Europäer und Amerikaner eine gemeinsame Weltanschauung haben, oder auch nur, dass sie dieselbe Welt bewohnen" – dies ist, wie erinnerlich, das Urteil von Robert Kagan, Mitglied der Carnegie Stiftung für Internationalen Frieden. Europäer, sagt er, „glauben, dass sie sich jenseits der Macht in einer selbstgenügsamen Welt von Gesetzen und Regeln und transnationaler Unterhandlung und Kooperation bewegen" – während die Amerikaner „im Sumpf der Geschichte stecken geblieben sind, Macht in der anarchischen Hobbesschen Welt ausüben, wo internationale Regeln unzuverlässig sind und wo die Sicherheit und Förderung einer liberalen Ordnung immer noch von Besitz und Einsatz militärischer Macht abhängen".[29]

Plötzlich findet sich Europa in einer unvertrauten – beispiellosen, unerforschten, unkartierten – Position. Nach Jahrhunderten, in denen es sich genussvoll in das Hobbessche *bellum omnium contra omnes* gestürzt hatte, besonders (wenngleich keineswegs einzig) außerhalb seiner Grenzen, hat es jetzt die Reife gewonnen, das Kantische Modell eines ewigen Friedens zu akzeptieren. Die Ironie ist nur, dass es zu diesem Punkt auf einem Hobbesschen Planeten gelangt ist, der auf der Verwerfung jenes – des Kantischen – Modells beruht, zu dessen Entstehung er selbst so viel beigetragen hat.

In den Augen und in der Praxis des heutigen Europas ist die Maxime „Macht ist Recht" nicht länger akzeptabel – aber die Skeptiker würden darin übereinstimmen, dass die Maxime ihre Glaubwürdigkeit in europäischen Augen deshalb verloren hat, weil sie nicht länger eine Waffe in europäischen Händen ist. Geschwächt und auf einen sekundären und abhängigen Status relegiert, kann Europa nicht für das kämpfen, was es für richtig hält, solange es sich auf seine gegenwärtige, sichtlich inadäquate Macht verlässt. Hinter Kagans Argument lauert der Glaube, dass die Realität einer Hobbesschen Welt ein willkommener Bonus und die erste Wahl für alle ist, die sie sich leisten können, also für die Starken und Mächtigen, wogegen der Traum eines Kantischen ewigen Friedens ein Trost für die Schwachen oder eine Entschuldigung für die Gescheiterten und Erschöpften ist: genau die Art von Meinung, wie sie in einem Grenzland konzipiert, gefördert und tagtäglich bekräftigt zu werden pflegt.

Man sollte Kagan zubilligen, dass er kaum versucht, mit seiner Meinung hinterm Berg zu halten, selbst wenn er nicht so weit geht, sie explizit zu erwähnen. Gleichwohl geht er so weit zu erklären, dass Europa seinen Träumen nur deshalb frönen kann, weil die USA es auf sich genommen haben, die Hobbessche Welt bewohnbar gemacht zu haben. „Europas Kantische Ordnung beruht darauf, dass die USA Macht nach den alten Hobbesschen Regeln ausüben."

Étienne Balibar gibt einen höchst erhellenden Kommentar zu Kagans, mit der Palette der imperialen Interessen Amerikas gemaltem Porträt der gegenwärtigen Misere Europas:

> Ich glaube nicht, den Sinn von Kagans Analyse zu verzerren, wenn ich sie in aller Kürze so wiedergebe: Die „europäische" Position, die so etwas wie eine Religion des Rechts ausdrückt, ist gleichzeitig *machtlos* („Wie viele Divisionen hat Europa?", könnten wir mit Stalin fragen) und *illegitim* (da sie einen historischen Rückschritt als moralischen Fortschritt ausgibt und damit eine wirkliche Schwäche fälschlich als imaginäre Stärke darstellt). Schließlich ist sie *selbstzerstörerisch*, da sie die Verteidigungskapazitäten der westlichen Demokratien untergräbt ... Es ist entschieden nicht Amerika, das „zu viel Macht" hat, sondern Europa, das zu wenig hat ...[30]

Freilich ist man versucht zu fragen, ob nicht die US-Militanz, gepaart mit der außerordentlichen Größe der amerikanischen Macht, und Europas Mangel an vergleichbarer militärischer Stärke, gepaart mit den friedliebenden Gefühlen der Europäer – jedes in den Augen des anderen ein Unglück –, eine wahrhaft explosive Mischung darstellen, wenn sie zur selben historischen Zeit auf demselben Planeten zusammentreffen. Diese Mischung ist in der Tat in sich unstabil und beschwört eine Katastrophe von unberechenbaren Proportionen herauf. Es ist ein trauriger Augenblick für die Menschheit, wenn die Fähigkeit, überlegt zu handeln, und die Bereitschaft, ethisch zu handeln, sich in verschiedene Lager zurückziehen.

Besonders hier und jetzt, da das Interesse am Überleben und das Interesse am „moralischen Fortschritt" einander benötigen wie niemals zuvor. Keines kann ohne das andere befriedigt werden. Beide diktieren dieselben Imperative und dieselbe Strategie für das Handeln. Da eine sichere Existenz für einzelne oder gesonderte Länder und Bevölkerungen nicht länger garantiert werden kann (unter Bedingungen planetarischer Interdependenz kann die Sicherheit jedes beliebigen Teils des Globus nur innerhalb einer sicheren Menschheit erreicht werden), ist ein moralisch begründetes Handeln, das darauf zielt, Menschen überall gegen Würdelosigkeit zu verteidigen und die wachsende Chancenungleichheit und den steigenden Umfang sozialer Ungerechtigkeit und menschlicher Erniedrigung zu mildern, die allerfundamentalste Bedingung des gemeinsamen Überlebens in jeder erdenklichen der vielen Bedeutungen dieses Begriffs.

Ein weiterer Aspekt der gegenwärtigen Lage ist in den letzten Jahren zunehmend deutlich geworden (oder eher, für diejenigen, die geschichtsbewusst sind, nachdrücklich bestätigt worden): Es ist äußerst unwahrscheinlich, dass die „Hobbessche Welt", auf sich allein gestellt, sich „reformiert". Ihr verderblicher und letztlich zerstörerischer Einfluss auf alle Teile des Globus und deren Interaktion wird sich aller Wahrscheinlichkeit nach verschärfen und ihre inhärente Tendenz enthüllen, aus dem Ruder zu laufen. Niemand kann sich sicher fühlen; niemand, nicht einmal der Tagessieger, ist von dieser Regel ausgenommen und hinreichend gegen diese Gefahr geschützt. Gewinne, die Spieler aus dem fortdauernden Krieg aller gegen alle ziehen mögen, sind endemisch unsicher, und die Kosten für ihre Verteidigung wachsen täglich, selbst wenn man den Preis der Menschenleben, die im Namen ihrer Verteidigung vergeudet werden, nicht mitrechnet.

Genau in dem Augenblick, da der ultimative Sieg der Freiheit (wie er im freien Markt verkörpert ist) verkündet wurde, hat die globale Ökonomie ihre turbulenteste und erschreckendste Dekade erreicht. Harveys bittere und drastische Beschreibung dieser bemerkenswerten Zeit verdient es, in voller Länge zitiert zu werden:

> Während der 1990er Jahre gab es keinen klaren Feind, und die boomende Ökonomie in den USA hätte allen außer den am meisten unterprivilegierten und marginalisierten Elementen in der gesamten zivilen Gesellschaft ein beispielloses Niveau an Glück und Zufriedenheit garantieren sollen. Trotzdem stellten sich die neunziger Jahre als eine der unerfreulichsten Dekaden in der Geschichte der USA heraus. Der Wettbewerb war grausam, die typischen Vertreter der „neuen Ökonomie" wurden über Nacht zu Millionären und führten ihren Reichtum vor, Betrügereien und betrügerische Pläne breiteten sich aus, Skandale (sowohl reale wie imaginierte) wurden überall enthusiastisch zur Kenntnis genommen ... (Ir)rationaler Überschwang gewann die Oberhand über den gesunden Menschenverstand, und die von den Unternehmen betriebene Korruption des politischen Prozesses war offensichtlich. Kurzum, die Zivilgesellschaft war weit davon entfernt, zivil zu sein. Die Gesellschaft schien mit alarmierender Geschwindigkeit zu zerfallen und sich aufzulösen. Sie schien im Begriff, in das ziellose, sinnlose Chaos privater Interessen zusammenzusacken.[31]

Der gewonnene Krieg – vor allem der endgültig und unwiderruflich gewonnene Krieg, wie Francis Fukuyama verkündete – erwies sich, verglichen mit den Risiken einer weiter anhaltenden Schlacht und unklarer Ergebnisse, als bedrohlichere und giftigere Gefahr. Und so wurde ein weiterer Krieg als patentiertes Heilmittel gegen die Beschwerden des Siegs verschrieben ... Unter diesen Umständen war, wie Harvey beobachtet, „das Eingreifen im Irak weit mehr als ein bloßes Ablenkungsmanöver von den Schwierigkeiten zu Hause; es bot eine großartige Gelegenheit, ein neues Gefühl von der gesellschaftlichen Ordnung zu Hause zu schaffen und das Gemeinwesen gefügig zu machen". Natürlich zu einem – riesigen und täglich wachsendem – Preis, der zum größten Teil mit der Demokratie und bürgerlichen Freiheiten gezahlt wurde. „Kritik wurde als unpatriotisch zum Schweigen gebracht. Der böse Feind da draußen wurde die primäre Kraft, um die im Innern lauernden Teufel zu exorzieren oder zu zähmen."

Die „Fukuyama-Welt" ist, wenn sie überhaupt jemals entstehen sollte, wahrscheinlich nichts anderes als eine neue Version der Hobbesschen Welt. Das Fehlen eines lebensfähigen Gegners, der eine lebensfähige Alternative verkörpert, ist die wahre Achillesferse eines triumphierenden und ausgelassenen, frei fließenden und alldurchdringenden globalen Kapitalismus. Sein größtes, potenziell tödliches Unglück ist das Fehlen eines wirkungsvollen Widerstands. Auf einem Fukuyama/Hobbesschen Planeten kann die Militärmacht USA, starker Arm, Bahnbrecher und Polizeimacht des globalen Kapitalismus, nach Belieben und aufs Geratewohl („am Ort der Wahl, zur Zeit der Wahl") Schläge austeilen, ohne große Furcht und in der Hoffnung, unbeschädigt aus der kurzen, heftigen Begegnung hervorzugehen; aber es ist genau diese Hoffnung, die die Hobbessche Welt aufrechterhält und stärkt und aus der Nebelhaftigkeit ihrer Kantischen Alternative eine sich-selbst-erfüllende Prophezeiung macht.

Ein halbes Jahrhundert lang verteidigte ein respektheischender, furchterregender und allzu realer Feind den Kapitalismus gegen die morbiden Konsequenzen seiner ermüdendsten und beunruhigendsten Exzesse. Der Kapitalismus hätte diesen Feind wahrscheinlich mit geringer Schwierigkeit besiegt, wäre die Konfrontation auf ein Rennen auf der Rennstrecke des Kapitalismus beschränkt gewesen – wie es am Ende der Fall war, sobald einmal die Reproduktion der beharrlichen und kompromisslosen Andersheit dieses Feindes ihren inneren Impetus verlor. Solange der Feind nicht einfach nur ein weiterer Konkurrent im selben Rennen war, sondern ein echter „Anderer", Träger einer alternativen Lebensweise, konnte er den Kapitalismus zur Selbstbeschränkung und Selbstkorrektur veranlassen. Das ist die Art von Gegner, die jetzt sichtlich fehlt. In seinem triumphalen, anscheinend unaufhaltsamen Marsch durch das planetarische Casino sieht sich das Kapital stattdessen zahlreichen Konkurrenten gegenüber, die eifrig darauf bedacht sind, dasselbe Spiel zu spielen, und scharf darauf sind, ihre Werte in die Bank zu werfen, oder Bankräubern, die sich ihrer Chancen am Tisch nicht sicher sind und so nach einer Abkürzung zur Schicksalswende suchen. Eine Art Gegner, auf die das Kapital nicht stößt, sind die Befürworter und realistischen Vertreter einer alternativen Lebensform, die die Abschaffung des Casinos zur Folge haben würde. Bei seiner Eroberung des Globus heimst der neue globale Kapitalismus nacheinander Siege im Zeichen der Fehlenden Alternative ein. Unter diesem Zeichen geht er vielleicht auch zugrunde.

Kann Europa die Vakanz ausfüllen? Kann Europa die Alternative bieten, sie sein? Es gab einmal eine Zeit, als dies eine realistische Aussicht zu sein schien.

Noch damit beschäftigt, seine Wunden aus dem letzten auf der globalen Bühne gespielten lokalen Konflikt zu lecken, und eingezwängt in die alptraumhafte Vision der totalitären *Gleichschaltung* [i. O. deutsch], die sich aus dem nahen Osten näherte, und seine eigenen alptraumhaften Erinnerungen

---

* [A.d.Ü.: Der Ausdruck „Die dreißig glorreichen Jahre", frz.: *Les Trente Glorieuses*, engl.: *The Glorious Thirty* wurde von dem frz. Demographen Jean Fourastié geprägt und bezieht sich auf die dreißig Jahre von 1945 bis 1975 nach Ende des Zweiten Weltkriegs in Frankreich. Dieser Ausdruck wiederum ist abgeleitet von Les Trois Glorieuses, die drei Tage vom 27.-29. Juli der Revolution 1830 in Frankreich.]

an die verheerende und letztlich blutige einheimische *Standortkonkurrenz* [i. O. deutsch], machte sich Europa dreißig glorreiche Jahre* lang daran, hart an dem großen sozialen Experiment zu arbeiten, die unakzeptablen Extreme eines ungezügelten Kapitalismus durch einen „Sozialismus mit menschlichen Antlitz" abzumildern, während es die unakzeptablen Konsequenzen der rohen und ungefügen kommunistischen Version der sozialen Gleichheit mit dem „Kapitalismus mit menschlichem Antlitz " abwehrte. Europa suchte sozusagen nach einem „dritten Weg" *avant la lettre*.

Das Ergebnis war der *Sozialstaat*, das heißt, ein Staat, der allen seinen Bürgern eine kollektiv unterstützte und finanzierte Versicherungspolice gegen individuelle und überindividuelle Verletzungen anbot, die in einer kapitalistischen Wirtschaft unvermeidlich sind, und ein Staat, der die Qualität der gesamten Gesellschaft an der Lebensqualität seiner schwächsten und am stärksten verletzten Bürger maß.

Es gab natürlich zahlreiche Faktoren neben der oben erwähnten doppelten Furcht, die den Weg zur Zusammenfassung von Stückwerksreformen im Entwurf, Bau und in der Aufrechterhaltung eines „Sozialstaates" pflasterten – und alle derartigen Faktoren sind umfänglich untersucht und aufgezeichnet worden.[32] Man kann freilich dagegenhalten, dass all diese Faktoren zusammen nicht genügt hätten, hätte es nicht die *double-bind*-Situation Europas gegeben, das sich auf eine gefährliche Reise zwischen dem Teufel und der tiefen, blauen See begab. Es war das allgemein akzeptierte Gefühl einer drohenden Gefahr und der unbestreitbaren Notwendigkeit, den Mittelweg zwischen zwei gleichermaßen gefährlichen und furchterregenden Felsen zu nehmen, das es diesen Faktoren ermöglichte, zu verschmelzen, sich zu verweben, zu vernetzen und den europäischen Nachkriegskonsens herbeizuführen.

Angesichts des beinahe universalen Konsens über die Natur des Problems und der weitverbreiteten Unterstützung der gewählten Lösung herrschte kein Mangel an sich artikulierenden oder artikulationsfähigen politischen Kräften, die bereit waren, sich hinter das große Experiment zu stellen, das der endemischen Neigung Europas zu Bürgerkriegen einen Riegel vorschieben sollte – sei es in der zwischenstaatlichen oder in der übernational zwischen den Klassen verlaufenden Variante. Der Vorrang unter derartigen politischen Kräften gebührte freilich den Christdemokraten – spirituelles Treibhaus und politische Basis von Adenauer, de Gaspari und Schumann, den drei Staatsmännern, die hauptsächlich dafür verantwortlich waren, die Grundlage für ein Europa der „Sozialpolitik" statt für ein Europa der „Machtpolitik" zu legen. Ihnen schloss sich Paul-Henri Spaak an, ein Sozialdemokrat. Müsste ich das relative Gewicht der Beiträge quantifizieren, würde ich die parteipolitische Zusammensetzung der „Großen Vier" als eine faire Leitlinie ansehen. In ihrer Tradition, wenn nicht in ihrem gegenwärtigen politischen Idiom war die christdemokratische Vision wesentlich transnational: Europa war ein „Heiliges Reich", lange bevor es in nationale Domänen zerschnitten wurde. Man könnte sagen, dass die Christdemokratie eine neue, vielsprachige Fassung des lateinisch sprechenden Geistes des christlichen Europas war; als solche hatte sie weniger Hemmungen als die anderen politischen Parteien (einschließlich der Sozialdemokraten, die seit Beginn des 20. Jahrhunderts und seinen vierzig Jahren heißen und kalten Krieges dazu erzogen worden waren, ihre jeweiligen Nationalismen zu unterstützen, einschließlich der chauvinistischsten und hurrapatriotischsten unter ihnen) und noch weniger Widerwillen gegen die Idee einer transnationalen Vereinigung des Kontinents. Solche Transnationalität – symbolisiert dadurch, dass das katholische Frankreich und Italien dem protestantischen Deutschland die Hand reichten, und das sakrosankte Prinzip der nationalen Souveränität abschwächten, das in der postwestfälischen Ära die christliche Einheit ersetzt und schließlich untergraben hatte – konnte nach einem 300 Jahre währenden nationalistischen

Zwischenspiel als Fortsetzung des unvollendeten Geschäfts der Gegenreformation verstanden werden; als Wiederherstellung eines erprobten *status quo ante*, eines paneuropäischen Ökumenismus und nicht als ein Sprung ins Unbekannte.

Bei der Errichtung und Aufrechterhaltung des Sozialstaates war die Sozialdemokratie der führende Partner, gleichzeitig *brain trust* und Exekutivbehörde. Tatsächlich wurde über dreißig Nachkriegsjahre lang die Entwicklung von „Wohlfahrts"-Institutionen und Vorsorgemaßnahmen zum Markenzeichen der sozialdemokratischen Parteien in praktisch jedem europäischen Land. Mit der Zeit wurde das Interesse an der „Sozialversicherung" zu einem charakteristischen Zug der europäischen Staaten – und blieb ein selten in Frage gestelltes Thema bis zur Morgendämmerung der „neoliberalen Revolution" in den siebziger Jahren. Das Wesen dieser späteren Revolution war die Befreiung der Reichtumsproduktion und Reichtumsverteilung von staatlicher Überwachung und Verwaltung, die vom Sozialstaatsmodell beabsichtigt war. Mit anderen Worten, die Substanz der neoliberalen Wende war der Verzicht auf jenen Teil der nationalstaatlichen territorialen Souveränität, der für die Zahlungsbilanz-Funktion des Modells entscheidend war und so auch dafür, den Verantwortlichkeiten Genüge zu tun, auf denen während dieser berauschenden „dreißig glorreichen Jahre" die Legitimation der Staatsmacht beruhte.

Das „Sozialstaat-Modell" schloss als wesentliches Element das Ziel der „Vollbeschäftigung" ein – ein Kurzausdruck für die erneute Betonung der Wichtigkeit jedes einzelnen Bürgers, ja seiner Unentbehrlichkeit für den Reichtum und das Wohlergehen der Gesellschaft als ganzer. Das Ziel der Vollbeschäftigung ging Hand in Hand mit dem Postulat einer vollen Staatsbürgerschaft; mit der „Verbraucherseite", dem Recht, an den Wohltaten des wachsenden nationalen Reichtums teilzuhaben, ging das Recht einher, an der Schaffung von Reichtum zu partizipieren und infolgedessen an der

Verwaltung der öffentlichen (als gemeinsam und geteilt angesehenen) Angelegenheiten und eine Rolle bei der Bestimmung der Natur der öffentlichen (als gemeinsam und geteilt angesehenen) Interessen zu spielen. Wenn die kollektive Unterstützung und Bereitstellung einer Sozialversicherung gegen individuell erlittenes Unglück die Intention widerspiegelt, die Risiken, die der kapitalistischen Ökonomie und dem Marktwettbewerb endemisch sind, zu sozialisieren, dann signalisierte die volle und aktive Staatsbürgerschaft die Anstrengung einer universalen Inklusion durch den politischen Körper in einer Gesellschaft, die sich auf den Idealtypus einer Gemeinschaft hin entwickelte.

Im Nachhinein kann man den Sozialstaat als eine (erhoffte) Lösung für das Problem interpretieren, das sich durch Europas Rückzug aus seinem überseeischen Kolonialbesitz stellte.

Für die fortschreitende Effizienz der modernen kapitalistischen/Markt-Ökonomie wurde von Anfang an mit einer wachsenden Zahl von „überflüssigen Menschen" gezählt – Menschen, für die die neuen und verbesserten, intelligenteren und schlankeren Weisen der Reichtumsproduktion keinerlei Verwendung mehr hatten. Mehrere Jahrhunderte lang konnte man den „menschlichen Abfall" des ökonomischen Fortschritts in den riesigen Weiten entsorgen, die dank Europas militärischer und technologischer Überlegenheit in jeder praktischen Hinsicht als „Niemands-" oder auf jeden Fall als „verlassenes" und „unterbevölkertes" oder „brachliegendes" oder „unterkultiviertes" Land behandelt werden konnten. Lokal erzeugte, potenziell explosive Probleme der Überflüssigkeit fanden ihre globale Lösung. Freilich, erst einmal auf die einheimische präkapitalistische Bevölkerung der kolonialisierten Länder losgelassen, transformierte das kapitalistische „neue und verbesserte" ökonomische Modell die eroberten Territorien allmählich von Müllentsorgungshalden in riesenhafte und schnell wachsende Fabriken von überflüssigen Menschen. Die potenziell entzündlichen Aschehaufen einer Überschuss-Bevölkerung, die zu Hause täglich durch den ökonomischen Fortschritt erzeugt wurden, konnten nicht länger ausgedünnt und zumindest zum Teil überseeisch abgeladen werden. Der Abfall konnte nur entschärft und entgiftet werden, wenn er zu Hause wiederverwertet wurde. Die Ausgeschlossenen mussten wieder zugelassen werden. Die Nutzlosen mussten wieder nützlich gemacht werden. Die verweigerten sozialen Allokationen mussten neu positioniert werden. Die verweigerte menschliche Würde musste rehabilitiert werden. Vor allen Dingen musste jedermann – die zeitweilig Niedergetretenen und gegenwärtig Glücklichen gleichermaßen – wieder die Sicherheit haben, dass genau dies geschehen würde, wenn die Notwendigkeit dazu entstünde. Für alle diese Bedürfnisse wurde der Sozialstaat als Lösung angesehen.

Das Herauslassen des Kapitals aus dieser komplexen ethischen/sozialen/politischen Gleichung bedeutete die Totenglocke für den Sozialstaat. Was immer von seinen Institutionen jetzt bleibt, hat einen heiklen Kampf gegen den Druck global produzierter Probleme zu führen. Europäische Sozialstaaten sehen sich nun der unmöglichen Aufgabe gegenüber, lokal geplante, verwaltete und geschützte Lösungen für Probleme bereitzustellen, die global und außerhalb der lokalen Kontrolle produziert werden. Nationalstaaten haben nur die Strategie der *Standortkonkurrenz* [i. O. deutsch] als Zuflucht, und diese Art von interstaatlichem Wettbewerb führt zu Forderungen, die gegen die fundamentalsten Prinzipien des inklusiven Sozialstaats verstoßen. Die weniger erwünschte Seite der Anstrengung, die inklusiven/schützenden Funktionen zu retten, die man sich einst vom Sozialstaat erhofft hatte, ist ihre letztliche Hoffnungslosigkeit; es gibt keine lokalen Lösungen für globale Probleme, und ein Sozialstaat kann nicht in einem einzelnen territorial souveränen Staat für sich allein erbaut und erhalten werden; vielleicht nicht einmal in einer „Festung", die zum Zwecke besserer Verteidigung eine

Kombination verschiedener solcher Staaten in sich birgt. Die Globalisierung von Kapital und Handel, der Verzicht auf lokale Einschränkungen und Verpflichtungen des Kapitals und die resultierende Extraterritorialität größerer ökonomischer Kräfte haben den „Sozialstaat in einem Land" fast zu einem Widerspruch in sich gemacht.

Der abrupte Verzicht auf die Kontrolle des Staats über die Unternehmungen des Kapitals vollzog sich nicht ohne Widerstand. Es gab eine Zeit, die auf den *coup d'état* von Reagan und Thatcher folgte, als die Europäer in dreizehn von fünfzehn Mitgliedsstaaten der Europäischen Union die Sozialdemokraten zurück an die Macht wählten. Dies erwies sich aber als eine kurzlebige Episode. Überall, wenn auch mit verschiedenen Graden an Überzeugung und Eifer, führten genau die Parteien, die einstmals mit dem Projekt des Sozialstaates identifiziert wurden, waren sie erst einmal an der Regierung, den Vorsitz bei seinem weiteren Abbau. Statt die öffentliche Kontrolle über öffentliche Ressourcen von Neuem zu bekräftigen, überließen sie immer mehr nationale Werte dem freien Spiel der Marktkräfte und machten immer mehr Ressourcen, die einstmals davon ausgeschlossen waren, zur Ware gemacht zu werden, dem Profitstreben und der Akkumulation von Kapital zugänglich. Einige taten das enthusiastisch, wobei sie die Umkehr ihrer Rolle als eine „neue und verbesserte" Ausgabe der altmodischen und überholten sozialdemokratischen Folklore ausgaben, einige widerstrebend und unter Druck – aber alle bestanden lautstark darauf (wenn auch gelegentlich mit beschämtem Gesicht), dass der „neue Weg" der einzige Weg sei, und dadurch, dass sie aus dem Schlagwort „es gibt keine Alternative" ein Dogma machten, halfen sie dabei, alle realistischen und vorstellbaren Optionen zu begraben.

Wie Allyson Pollock bemerkte, konnte man das wahre Ausmaß des Zur-Ware-Machens von Dienstleistungen, die einstmals öffentlich waren, kaum den Überschriften in

Zeitungen entnehmen. In Großbritannien gehen die stückweise vollzogene, wenn auch gründliche und rücksichtslose Abwicklung von kollektiven Versicherungsleistungen und der Bruch der meisten fundamentalen Annahmen des „Sozialstaates" heimlich vor sich, ohne jemals ausführlich in einer öffentlichen Debatte diskutiert worden zu sein, geschweige denn in einer demokratisch gebilligten strategischen Diskussion. Zum Beispiel: „In den letzten zwanzig Jahren hat sich der NHS [der nationale Gesundheitsdienst] beinahe vollkommen von der Bereitstellung einer langfristigen Betreuung zurückgezogen." „Die primäre Verantwortung für die Betreuung von gebrechlichen oder kranken älteren und behinderten Leuten bleibt weitgehend den 5,7 Millionen Betreuern überlassen, von denen 600 000 unbezahlte Betreuung über fünfzig Stunden oder mehr pro Woche bereitstellen." „Im Jahr 2001 wurden 91 Prozent der Altenpflegeheimbetten und 75 Prozent der Betreutes-Wohnen-Betten in England auf Profitbasis betrieben."[33]

Zunehmend gekürzte Leistungen des Sozialstaats verwandelten sich von Paradebeispielen für Bürgerrechte schrittweise in Werkzeuge sozialer Exklusion und zu Symptomen/Indikationen sozialer Stigmatisierung – und so verloren sie schnell allen Reiz, zusammen mit den Resten ihrer Unterstützung durch die Wähler. Aber das prominenteste Opfer des Gemetzels alternativer Optionen war die Sozialdemokratie elbst – als eine lebensfähige soziale Kraft mit ihrer eigenen Wählerschaft und einem charakteristischen politischen Programm. Die Sozialdemokratie teilte das Los des Sozialstaates, den sie ebenso bereitwillig der Geschichte übergeben hatte wie andere Streiter im politischen Ring. Dabei verlor sie die *raison d'être*, die sie einst zu einer bedeutenden politischen Kraft gemacht und als solche das ganze letzte Jahrhundert hindurch am Leben erhalten hatte.

Jürgen Habermas schließt seine Studie über die „postnationalen Konstellation" mit folgenden Beobachtungen:

Die politischen Parteien, die sich noch Gestaltungskraft zutrauen, müssen den Mut zur Antizipation auch in anderer Hinsicht aufbringen. Sie müssen nämlich innerhalb des nationalen Spielraums – des einzigen, in dem sie aktuell handeln können – auf den europäischen Handlungsspielraum vorausgreifen. Diesen wiederum müssen sie programmatisch mit der doppelten Zielsetzung erschließen, ein soziales Europa zu schaffen, das sein Gewicht in die kosmopolitische Waagschale wirft.[34]

Eine dieser Beobachtungen vermittelt eine entscheidend wichtige Botschaft: Nur als größere Version des Sozialstaates – sei es, dass er schon als solcher existiert, erst dazu wird oder als solcher wiederaufersteht – hat Europa eine gute Chance, hinreichend großes Gewicht zu erwerben, um sich bemerkbar zu machen, sobald (falls) es in die „kosmopolitische" Waagschale geworfen wird, vermutlich aus zwei Gründen zugleich. Seine „soziale" Natur würde Europa als Ganzem den Grad an Zusammenhalt verleihen, der einst die Nationalstaaten zu so wirksamen und wichtigen Kampfeinheiten gemacht hatte; wogegen die kollektive Kompetenz der Europäer bei Entwurf, Aufbau und Leitung eines Sozialstaates, jetzt auf die Ebene einer Konföderation von Staaten erhoben, Europas charakteristische, attraktive und willkommene Mitgift wäre, die seine Rolle in der „kosmopolitischen" Arena noch weiter vergrößern würde. Wenngleich nur indirekt und in einer etwas pervertierten Form geben Europas politische Führer das auch zu, wenn sie darauf bestehen, dass die angeblich „Asylsuchenden" sich zu Europa meist wegen seiner großzügigen und inklusiven sozialen Leistungen hingezogen fühlen.

Freilich fragt man sich, wie diese Großtat vollbracht werden konnte, angesichts des ach so schlimmen Zustands und der schlechten Presse des „Sozialstaats" innerhalb Europas selbst und besonders der Nicht-Verfügbarkeit von lebensfähigen Organisationen, die sowohl für die Heilung der gegenwärtigen Beschwerden der Sozialstaaten in Europa wie auch dann für die „Eröffnung" eines genesenden „sozialen" Europas auf planetarische Stufe unverzichtbar sind.

„Lassen Sie mich meine feste Überzeugung äußern, dass die einzige Sache, die wir zu fürchten haben, die Furcht selbst ist", erklärte Franklin Delano Roosevelt in seiner Antrittsrede am 4. März 1933, der Rede, die die Vision des New Deal skizzierte, die Ouvertüre zur amerikanischen Version des Sozialstaats.

Tatsächlich war das große Versprechen des Sozialstaates, das Versprechen, welches das nächste halbe Jahrhundert der Geschichte gestalten und lenken sollte, die *Freiheit von Furcht*. Menschen sind stark genug, mit dem umzugehen, was sie schmerzt, und über das, was sie leiden macht, zu schweigen – außer mit der Furcht vor Schmerz und Leid und außer in den Momenten, wenn sich diese Furcht so sehr vertieft, dass sie sie handlungsunfähig macht.

Im Rückblick kann die Sozialstaat-Episode am besten als eine lange Gegenoffensive gegen die Furcht interpretiert werden, die während der „Großen Depression" über die Amerikaner wie über die Europäer gekommen war, die den Schleier von der Brüchigkeit der sozialen Fundamente zog, auf denen das Wohlergehen jedes Menschen ruhte – selbst das Wohlergehen der allerglücklichsten. Das Erwachen war brutal, schockierend und (zumindest für die Generation, die es erfuhr) unvergesslich. Eine Herkulesanstrengung war erforderlich, um diese Furcht, die es erregte, zu ersticken. Das Projekt der Freiheit von Furcht, das der Sozialstaat verfolgte, war – zusammen mit der Entschlossenheit, die es weckte, es wirklich zu vollenden – die vielleicht kühnste Aufgabe, der sich die Menschheit jemals bewusst gestellt hatte.

Auf dem Weg zum Sozialstaat sind viele Schlachten gegen die Furcht gewonnen worden. Der Krieg war freilich alles andere als beendet, und ein endgültiger Sieg ist heute so wenig in Sicht wie zur Zeit von Roosevelts Antrittsrede.

Die Kriegswaffen, die Roosevelt oder Beveridge vorschlugen und in Dienst stellten, werden heute *en masse* ausgemustert als nicht länger geeignet für die schöne neue Welt globaler Marktherrschaft, in der alles zur Ware gemacht wird, aber die Furcht hat nicht aufgehört, die Nächte heimzusuchen und die Tage zu vergiften. Auch ist sie nicht aus den politischen Reden verschwunden; wenn überhaupt irgendetwas, hat sie an Statur gewonnen, da sie zum öffentlichen Feind Nummer eins und zum primären Ziel der Regierungskreuzzüge gemacht worden ist. „Freiheit von Furcht" bleibt wie zuvor der oberste Punkt auf jeder Prioritätenliste von Regierungen, und ein Versprechen, dem jeder Politiker, der ernsthaft einen Sitz in der Regierung anstrebt, zumindest Lippendienst leisten muss.

Die Tage der *Sozial*staats mögen langsam zum Stillstand kommen, aber ganz gewiss nicht die Hochblüte des *Sicherheits*staates.

Aber war Sicherheit auch die prinzipielle *raison d'être* des Sozialstaats? Natürlich war sie es. Was hat sich dann also geändert? Die *Bedeutung* der Idee der „Sicherheit" hat sich geändert und besonders die offiziell anerkannten Ursachen ihrer störrischen *Unfassbarkeit*. Wie Miguel de Cervantes vor einem halben Jahrtausend ahnungsvoll notierte (in Kapitel 20 des ersten Teils von *Don Quixote*): „Die Furcht hat tausend Augen und sieht, was unter der Erde ist." Furcht kann sehen, was Augen nicht sehen können. Auch, was Augen nie sehen würden. Gute Neuigkeiten für die Furcht, aber schlechte Nachrichten für die, die sich fürchten: Furcht nährt sich und wächst durch die Augen – durch das, was die Augen sehen, und gewiss noch mehr durch das, was sie nicht sehen können.

Die Sicherheit, um die wir fürchten – eine Sorge, zu der man uns ständig auffordert und ermutigt und für die man uns abrichtet, während uns die bestehenden Mächte versprechen, sie sei garantiert –, ist nicht länger die Art von Sicherheit, die Roosevelt oder Beveridge vor Augen hatten. Es ist nicht die Sicherheit unserer Stellung in der Gesellschaft, der persönlichen Würde, der Ehre des Handwerks, der Selbstachtung, des menschlichen Verstehens und der menschlichen Behandlung, sondern stattdessen eine Sicherheit des Leibes und des persönlichen Hab und Guts. Es ist keine Sicherheit vor denen, die uns Jobs verweigern oder unsere Humanität leugnen, wenn wir einen Job haben, vor denen, die uns unsere Selbstachtung nehmen und uns demütigen und entehren – sondern eine Sicherheit gegen unbefugtes Betreten unseres Grundstücks und gegen Fremde an der Haustür, Landstreicher und Bettler auf den Straßen, sexuelle Belästigung zu Hause und draußen, gegen Brunnenvergifter und Flugzeugentführer. Vielleicht entstehen die Ängste aus denselben Wurzeln wie früher – aber wenn sie erst einmal da sind, können sie in andere Beete verpflanzt werden – und das werden sie auch. An ihrem neuen Ort sind die Werkzeuge, die vom Sozialstaat geschmiedet worden sind, nutzlos. Andere Werkzeuge sind verlangt. Was früher einmal die richtige Waffe war, um Arbeitslosigkeit, Altersarmut, soziale Ausgrenzung und sozialen Abstieg zu bekämpfen, passt nicht mehr zum Kampf gegen den Terrorismus. Für jede Furcht ein eigenes Beruhigungsmittel.

Es gibt einen weiteren – vielleicht den folgenreichsten – Zug, der die gegenwärtigen Ängste von denen trennt, die Roosevelt oder Beveridge zu entkräften versuchten. Jene Ängste waren einfach nur Unglücksfälle, Leiden, die zu nichts gut waren, die allzu wirklichen Sorgen und Qualen, die zwischen den Leuten und ihren Chancen auf ein anständiges menschliches Leben standen. Es war auch schwierig, sie irrtümlich zu lokalisieren; Ulrich Beck hat darauf hingewiesen, dass die Ursachen von Schmerzen wie Hunger, Krankheit oder Mangel an Lebensaussichten, Elend oder Armut schwerlich, ja unmöglich misszuverstehen sind, „da in Gefährdungslagen … Lebenslagen und Wissensproduktion direkt ineinander verschoben und verschränkt sind".[35] Anders verhält es sich mit dem, was Beck „Risiken" nennt, Chancen, dass Unglücksfälle, die sich gegenwärtig im Visier der Regierungen befinden, tatsächlich eintreten. „Risiken" sind unsichtbar – man muss von ihrer Existenz unterrichtet werden, um sie zu fürchten, und ihre Ursachen sind kaum jemals transparent. Beck legt dar, dass die Existenz von Risiken und vor allem ihre Schwere und Intensität gerade wegen ihrer Unsichtbarkeit bestritten werden kann (wie zum Beispiel im Fall von Treibhausgasen oder der Erwärmung des Planeten). Aber die Unsichtbarkeit neuer Risiken hat auch eine andere und viel folgenreichere Konsequenz. Es ist ebenso unwahrscheinlich, dass man sich Hunger einbildet wie dass man ihn leugnet – aber Bedrohungen der Sicherheit kann man sich einbilden, und zwar leicht. Um noch einmal Beck zu zitieren:

> Die beobachtbare konfliktvolle Pluralisierung und Definitionsvielfalt von Zivilisationsrisiken und Ängsten ist leichter möglich als die von Hunger und Armut. Was hier geschieht, muss nicht hier behoben werden, sondern kann in die eine oder andere Richtung verschoben werden und kann symbolische Orte, Personen und Objekte suchen und finden, um die Furcht zu überwinden. Im Risikobewusstsein sind also ortloses Denken und Handeln oder ortlose soziale Konflikte besonders möglich und nachgefragt.

Um es kurz zu sagen: „Sicherheitsrisiken" können vertuscht oder geleugnet, aber sie können auch *erfunden* werden. Was die Gründe, um die eigene Sicherheit zu fürchten, anbelangt, so können sie geheim gehalten oder wegargumentiert werden; aber sie können auch phantasiert, übertrieben oder überproportional aufgebläht werden.

Der bedeutende russische Philosoph Michail Bachtin hat darauf hingewiesen, dass alle irdische Macht dazu neigt, mit Hilfe von *„offizieller* Furcht" Adern von Disziplin in ihren Untertanen freizulegen: ein künstliches, maßgeschneidertes

Ebenbild der „*kosmischen* Furcht" – jenes natürlichen und ursprünglichen Schreckens, der von Menschen – verletzlichen und ohnmächtigen Wesen – empfunden wird, wenn sie sich der allmächtigen und undurchdringlichen Natur gegenübersehen.[36] Wenn Bachtin recht hatte (und es spricht in unserer Zeit viel für seine Annahme), dann ist die *Produktion* von „offizieller Furcht" der Schlüssel zur Wirksamkeit der Mächte. Kosmische Furcht mag keine menschlichen Vermittler benötigen, aber offizielle Furcht, wie alle anderen kulturellen Fertigkeiten, kann ohne sie nicht auskommen. Offizielle Furcht kann nur *erfunden* werden. Irdische Mächte kommen schon von Furcht erfassten Menschen nicht zu Hilfe – obwohl sie alles Mögliche und noch mehr versuchen, um ihre Untertanen davon zu überzeugen, dass dies tatsächlich der Fall ist. Irdische Mächte müssen sich, wie Angebote im Verbrauchermarkt, ihre eigene „Klientel" und so die Nachfrage nach sich selbst schaffen. „Furchtkapital" muss zuerst im Interesse der irdischen Mächte produziert werden, um sich einzuschmeicheln und die Treue ihrer Untertanen zu verdienen, indem sie sich als hart gegenüber dem erweisen, wovor ihre Untertanen sich fürchten. Damit ihre Herrschaft hält, müssen menschliche Objekte verletzlich, unsicher und furchtsam *gemacht* und auf Dauer in diesem Zustand gehalten werden.

Bachtins Schlussfolgerungen müssen ihm durch das empirische Zeugnis, das ihm zu der Zeit und an dem Ort seines Schreibens zur Verfügung stand, stark erleichtert worden sein. Stalin, der damals über Bachtins Heimat herrschte, hat wiederholt seine Macht bewiesen, Säuberungen und Hexenjagden in Gang zu setzen – aber auch seine Fähigkeit, sie abrupt wieder zu beenden und auszusetzen, so abrupt und unerklärlich, wie sie in Gang gesetzt worden sind. Man konnte nie vorhersagen, welche menschlichen Bestrebungen als Nächstes als Fälle von Zauberei gebrandmarkt werden würden. Schläge und Anklagen wurden beliebig verteilt, und die Erhebung von Anklagen, ganz zu schweigen vom Nachweis von Verbindungen zur gegenwärtig gerade verfolgten Variante der Zauberei, war ein missbilligter Luxus (wie vom sowjetischen Volkswitz gebührlich notiert in der Geschichte vom Hasen, der erklärt, warum er, ein Hase, Schutz sucht, wenn er hört, dass gegenwärtig Kamele gesucht würden: „Zuerst würden sie dich umbringen, und dann versuchst du zu beweisen, dass du kein Kamel bist ..."). Wenn *jeder zu allen Zeiten* verletzlich und unsicher ist, was der nächste Morgen bringen wird, dann sind es Überleben und Sicherheit, *nicht* eine plötzliche Katastrophe, die eine übermenschliche Leistung zu sein scheinen, die eine Menge Voraussicht, Weisheit und Handlungskräfte erfordern – die alle über das Verstehen, die Ressourcen und die Fertigkeiten eines gewöhnlichen menschlichen Lebewesens hinausgehen. Unter Stalins Herrschaft war es das *Vorenthalten* der wahllos verteilten Schläge, die Verschonung einer Person von sibirischen Lagern oder dem Erschießungskommando, die der Beweis für die Kraft, Weisheit, väterliche Fürsorge, Wohlwollen und Gnade der obersten Gewalt zu sein schienen. Für die Gunstbeweise, die man empfängt, sollte man dankbar sein.

Und man war es.

Menschliche Verletzlichkeit und Unsicherheit sind die Grundlage aller politischen Macht. In der stalinistischen Variante totalitärer Macht, das heißt, bei Abwesenheit marktproduzierter Gefährdung der menschlichen Lage, musste solche Verletzlichkeit und Unsicherheit durch die Polizeigewalten unter dem Kommando der politischen Macht erzeugt werden und zwar immer wieder aufs Neue. Es könnte durchaus mehr als bloße Koinzidenz sein, dass der ziellose Terror gegen die Russen in großem Maßstab zur selben Zeit losgelassen wurde, als die letzten Residuen des freien Marktes in Russland abgewickelt wurden.

In einer modernen Gesellschaft der kapitalistischen und marktgelenkten Variante sind Verletzlichkeit, Ungewissheit und Unsicherheit der Existenz dadurch gewährleistet, dass die Lebensziele den Risiken und Launen der Marktkonkurrenz ausgesetzt sind. Wenn sie Bedarf an Disziplin und Gesetzestreue ihrer Untertanen haben, können die politischen Mächte die Legitimität ihrer Forderungen auf das Versprechen gründen, das Ausmaß der herrschenden Verletzlichkeit und Ungewissheit zu mildern, das Leiden und den durch das freie Spiel der Marktkräfte angerichteten Schaden zu begrenzen, die Verletzlichen gegen mindestens die verheerendsten der schmerzlichen Schläge, die sie erleiden oder erleiden können, zu schützen und die Unsicheren gegen die Risiken abzusichern, die aller freier Wettbewerb notwendig auf Lager hält.

Solche Legitimation hat, das sei noch einmal gesagt, ihren ultimativen Ausdruck in den Praktiken des „Sozialstaats" gefunden: Er beruht auf der Annahme, dass die Versicherung jedes Bürgers gegen die Schläge des individuellen Schicksals die Aufgabe und Verantwortung der Gemeinschaft der Bürger insgesamt ist. Diese Formel politischer Macht ist freilich gegenwärtig auf dem Rückzug in die Vergangenheit. Die Institutionen des Sozialstaats werden eine nach der anderen abgebaut und abgewickelt, während die früher den Geschäftsaktivitäten und dem Wettbewerb des freien Markts und seinen Folgen auferlegten Beschränkungen eine nach der anderen aufgehoben werden. Die Schutzfunktionen des Staates werden ausgedünnt, um nur noch einer kleinen Minderheit von arbeitsunfähigen und invaliden Menschen zu dienen (und sie sind nicht länger vorbeugend: Sie werden erst in Gang gesetzt, nachdem das Unglück geschehen ist). Freilich tendiert selbst diese Minorität dazu, reklassifiziert zu werden, von einem Gegenstand der Sozialfürsorge zu einer Sache von Recht und Ordnung, da die Unfähigkeit, am Marktspiel teilzunehmen, zunehmend dazu tendiert, kriminalisiert zu werden. Der Staat distanziert sich von der Verwundbarkeit und Unsicherheit, die sich aus der Logik (oder Unlogik) des freien Marktes ergeben, jetzt neu verstanden als privates Problem, eine Sache, mit der sich die Individuen abgeben und fertig werden müssen, jedes für sich mit den Mitteln, die es besitzt.

Der unattraktive Nebeneffekt dieses Trends ist das Untergraben der Grundlagen, auf denen die Staatsmacht in der Neuzeit großenteils beruht hat. Das weithin bemerkte Anwachsen der politischen Apathie, der Verlust an politischem Interesse und Engagement („keine Erlösung mehr durch die Gesellschaft", wie Peter Drucker es bekanntlich ausgedrückt hat) und ein massiver Rückzug der Bevölkerung von der Teilhabe an institutioneller Politik bezeugen samt und sonders das Zerbröckeln der etablierten Grundlagen der Staatsmacht. Die von den ernannten Sprechern der „Großen Gesellschaft"* am häufigsten gehörte Botschaft ist die Aufforderung, „flexibler" zu sein. Heute wird Ungewissheit als Heilmittel für Unsicherheit angeboten ...

Nachdem sie ihre früheren programmatischen Eingriffe in die markterzeugte Unsicherheit widerrufen oder stark reduziert haben, müssen die zeitgenössischen Staaten andere, nicht-ökonomische Varianten der Verletzlichkeit und Unsicherheit suchen, auf die sie ihre Legitimität gründen können. Sie handeln, als hätten sie es gewählt, *von Sozialstaaten* zu *Sicherheitsstaaten* überzugehen. Sie verlagern die Angst, die von der fortschreitenden Deregulierung wesentlicher Lebensbedingungen, der Privatisierung von Risiken und dem Rückzug der kommunalen Versicherung genährt wird, auf die Frage der persönlichen Sicherheit: auf Ängste, die aus den Bedrohungen der menschlichen Leiber, Besitztümer und Wohnungen entstehen, die von Kriminellen ausgehen, von der „Unterschicht", Asylsuchern, die

---

* [A.d.Ü.: *Die Great Society (Große Gesellschaft)* war ein großangelegtes sozialpolitisches Reformprogramm der US-Regierung unter dem von 1963 bis 1969 amtierenden Präsidenten Lyndon B. Johnson. Der Begriff geht auf den Journalisten Walter Lippmann zurück.]

Krankheiten übertragen und einem auf den Straßen auflauern, und in jüngster Zeit vom globalen Terrorismus oder Massenvernichtungswaffen, die binnen der nächsten fünfundvierzig Minuten zur Anwendung gebracht werden könnten.

Anders als die aus dem Markt geborene Unsicherheit, die, wenn überhaupt etwas, dann nur allzu unübersehbar ist, muss die alternative Unsicherheit, von der sich der Staat die Rettung seiner Erlösungsansprüche erwartet, künstlich angestachelt oder zumindest hoch dramatisiert und beharrlich, wiederholt, monoton eingeschärft werden, wenn sie genügend „offizielle Furcht" inspirieren und gleichzeitig die Sorgen um *ökonomisch* erzeugte Unsicherheit klein und nachrangig erscheinen lassen soll, bezüglich deren die Staatsadministration nichts tun kann und/oder nichts zu tun wünscht. Anders als die markterzeugten Bedrohungen des Lebensunterhalts und des Wohlergehens, die am besten in Pastellfarben porträtiert werden, muss das Ausmaß der Gefahren für die persönliche Sicherheit in den grellsten Farben gemalt werden, so dass die *Nicht*-Realisierung von Drohungen als ein außerordentliches Ereignis, als Resultat der Wachsamkeit, Sorge, Tapferkeit und des guten Willens der Staatsorgane mit Beifall bedacht werden kann.

Als den unglücklichen Opfern einer „drohenden Terroristenattacke" – hin und her geschleift in überfüllten Flughafenhallen, ohne Recht auf Privatheit und als schuldig eingestuft, bis sie ihre Unschuld bewiesen hatten – brutal die Flugverbindungen verweigert wurden, applaudierten sie den Sicherheitswachen – laut und von ganzem Herzen. Wer sonst würde sich so viel Mühe geben, ihre Ängste zu zerstreuen – diese Ängste hier und jetzt oder beliebige andere? Wer sonst würde dafür sorgen, dass sie sicher und in einem Stück von hier nach da kämen?

Diese Art von Furcht, samt dem Mechanismus seiner Produktion und seiner Verwendungen, ist ein Produkt der

Hobbesschen Welt und zugleich der Hauptfaktor bei der ständigen Wiedererweckung jener Welt.

Und so kehrt dieselbe Frage wieder: Kann Europa eine Alternative zur Hobbesschen Welt des planetarischen Grenzlandes bieten oder sein, die von dem neuen Imperium verwirklicht, gewartet und auf Dauer gestellt worden ist?

Es gibt einige charakteristische, einzigartig europäische Phänomene – manche alt, manche neu –, die die Antwort „Ja" nahe legen würden – obgleich die Chancen dafür ziemlich entmutigend sind. Eine Berechnung der relativen Stärken der Faktoren „Pro" und „Kontra" kann sich nicht im Voraus auf theoretische Argumente stützen; in letzter Instanz kann sie nur durch politische Entscheidungen und Entschlüsse entschieden werden.

Zuerst einmal lässt sich das Gespenst des Sozialstaats aller Wahrscheinlichkeit nach nicht austreiben. Es wird weiterhin die dunklen Keller und luftigen Mansarden wie auch alle Verbindungsflure des vereinten europäischen Hauses heimsuchen – und der Ruhm, den der Sozialstaat weltweit genießt, wird den Europäern weiterhin im Gedächtnis bleiben. Der Sozialstaat war das Treibhaus einer friedlichen Konfliktlösung; oder, um die Ausdrücke Balibars leicht zu variieren, eine Werkstatt, in der die Werkzeuge der Konfliktbeschwichtigung und -zähmung durch „Institutionalisierung" geschmiedet wurden. Das Erbauen und Warten des Sozialstaates war und bleibt eine Lektion in der Kunst, „die verschiedenen Ressourcen für die *Institutionalisierung von Konflikten*" zu kombinieren, das heißt, „antagonistischen Interessen eine formale Repräsentation innerhalb des Staates zu verleihen, statt sie zu unterdrücken und zu kriminalisieren".[37] Statt Unterdrückung und Exklusion eine nachhaltige Anstrengung, die Opfer der Ungerechtigkeit zu „ermächtigen" – und zwar durch eine gerechtere Bereitstellung von (um Amartya Sens Ausdruck zu verwenden) „Fähigkeiten". Auf diese in Europa seit vielen Jahren praktizierte und zum

Blühen gebrachte Kunst kann nun zurückgegriffen werden, wenn es dazu kommt, das globale Grenzland zu zähmen und zu zivilisieren – selbst wenn mehr nötig ist, viel mehr, als nur die auf der Ebene des Sozialstaats erfolgreich getesteten Werkzeuge zu vervielfachen, um sie auf planetarischer Ebene wirksam zu machen.

Es gibt ein weiteres wertvolles Erbe, das Europa in den unmittelbar bevorstehenden „Zivilisierungsprozess" des planetarischen Grenzlandes einbringen kann. Balibar zitiert die von Umberto Eco ins Gespräch gebrachte Idee vom „Idiom Europas", die sich in der „Praxis der Übersetzung" gebildet habe.[38] Europa war viele Jahrhunderte lang eine zusammengesetzte Totalität, die viele Sprachen und kulturelle Stränge in täglichen Kontakt und ins Gespräch miteinander brachte. Man könnte sagen, dass Europa aus diesem Grunde ein natürlicher Boden für die Blüte der Hermeneutik war, die Kunst der Interpretation und des Verstehens. Europa war und ist die Heimat ewiger Übersetzung; im Verlaufe der Zeit hat es gelernt, einen fruchtbaren Dialog zwischen kulturellen und linguistischen Idiomen herzustellen, ohne die Identität eines der Teilnehmer auszulöschen. Es hat gelernt (um Franz Rosenzweigs Ausdruck zu zitieren), die Gesprächspartner so zu behandeln, als hätten sie außer Ohren noch Zungen; als Sprecher, nicht nur als Zuhörer. Balibar macht geltend, dass diese traditionsgegründete praktische Fähigkeit des Sprechens/Zuhörens, Lehrens/Lernens, Verstehens und Sich-verständlich-Machens (kurzum: des Übersetzens) „auch erweitert werden könnte, indem man die Idee der ,Übersetzung' von der bloß linguistischen Ebene auf die breitere kulturelle Ebene ausdehnt". Europa kann vielleicht mit seiner Fähigkeit als „Dolmetscher der Welt" immer noch eine entscheidende Rolle bei der Zeugung, Geburt und Reife einer planetarischen Gemeinschaft spielen.

Balibar tauft diese Rolle den „verschwindenden Vermittler" (gleich derjenigen, die nach Max Weber die „protestantische

Ethik" bei der Entstehung der modernen kapitalistischen Rationalität gespielt hatte): Der Erfolg der Rolle würde daran gemessen werden, dass Europa sich selbst in dem Maß überflüssig macht, wie die fortschreitende „Institutionalisierung des Konflikts" und der ständige Dialog die Methoden und Mittel eines Grenzlandes verdrängen und die gegenwärtige Hobbessche Welt durch die Kantische menschheitsweite Politie (Gemeinwesen) ersetzen. Ich will das so kommentieren, dass dieses Beispiel vom „verschwindenden Mittler" viel besser zu dem Gespensterimperium passt, das man gegenwärtig unter der Verwaltung der amerikanischen Supermacht glaubt. Vielleicht stellt sich irgendwann einmal heraus, dass es dieser irrationale Glaube war, der die Rolle einer „Hebamme" bei der Entbindung von Kräften gespielt hat, die imstande sind und/oder „keine andere Wahl haben, als „eine „Europäisierung des Globus" in die Tat umzusetzen – indem sie die Umrisse der planetarischen Politie der Zukunft formen.

Die gegenwärtigen durch das Gespensterimperium neu belebten Grenzland-Bedingungen könnten in die Geschichte als der Umstand eingehen, der in Wirklichkeit das „europäische Idiom" vor dem Verschwinden bewahrt hat.

3. VOM SOZIALSTAAT ZUM SICHERHEITSSTAAT

Das namenlose Tier in Franz Kafkas Erzählung „Der Bau" rühmt sich, dass „der eigentliche Zugang" zu dem Bau, an dem es lange gebaut hat und immer noch baut, von einer „abhebbaren Moosschicht bedeckt ist" und „so gesichert ist, wie eben überhaupt auf der Welt etwas gesichert werden kann". Und trotzdem klagt es: „Es kann jemand auf das Moos treten oder hineinstoßen, dann liegt mein Bau frei da und wer Lust hat ... kann eindringen und für immer alles zerstören."[1]

„Jemand" ... tatsächlich jeder beliebige – und es gibt niemanden außerhalb des Baus, dem man wirklich trauen kann. „Es ist verhältnismäßig leicht, jemandem zu vertrauen, wenn man ihn gleichzeitig überwacht oder wenigstens überwachen kann, es ist vielleicht sogar möglich, jemandem aus der Ferne zu vertrauen, aber aus dem Innern des Baus, also einer anderen Welt heraus, jemandem außerhalb völlig zu vertrauen, ich glaube, das ist unmöglich." Und um die Dinge noch schlimmer zu machen, gibt es Feinde „auch im Innern der Erde. Ich habe sie noch nie gesehen, aber die Sagen erzählen von ihnen und ich glaube fest an sie". Wegen dieser unsichtbaren Feinde ist es nutzlos, sich mit dem Gedanken zu trösten, „dass man in seinem Haus ist, vielmehr ist man in ihrem". Schließlich ist, wenn es um die Sicherheit geht, das Innere des Baus nicht besser als das Äußere, und man kann keine klare Linie zwischen beiden ziehen, so sehr man es auch versucht ...

„Nun verhält es sich aber so", sinnt der Graber des Baus, dass der Bau „in Wirklichkeit zwar viel an Sicherheit gibt, aber durchaus nicht genug, hören denn jemals die Sorgen völlig in ihm auf?" „Die häufige Beschäftigung mit

Verteidigungsvorbereitungen bringt es mit sich, dass meine Ansichten hinsichtlich der Ausnutzung des Baus für solche Zwecke sich ändern oder entwickeln, im kleinen Rahmen allerdings." Meine Sicherheit wird niemals total sein, der Bau niemals fertig, die Arbeit niemals beendet. Nur mein ständiges „Ändern" und „Entwickeln" beruhigen die Furcht, solange sie dauern. In der Unruhe und dem Aufruhr der nie endenden Flucht zur Sicherheit, in dem beständigen Graben und Verwischen der Spuren kann Sicherheit gesucht werden (wenn nicht vor dem Feind, dann vor der vom Feind verursachten Angst): „Das Ohr die Wände entlang schleifen und fast bei jedem Hörbarwerden des Geräusches die Erde aufreißen, nicht um eigentlich etwas zu finden, sondern um etwas der inneren Unruhe Entsprechendes zu tun." Angst stört das Leben, aber das Leben verwandelt sich allmählich in eine Kette von Störungen; das Zerreißen diese Kette zerbricht das Leben, wie man es zu leben und als Leben anzuerkennen gelernt hat. Leben ist Angst, Angst ist Leben. „Ich würde wahrscheinlich am liebsten an irgendeiner Stelle, gleichgültig, ob dort etwas zu hören ist oder nicht, stumpfsinnig, trotzig, nur des Grabens wegen zu graben anfangen."

Die Geschichte wird von dem Tier erzählt, während es sich dem Ende seines angstbekämpfenden, baugrabenden Lebens nähert. Mit der Lebensmüdigkeit kommt die Lebensweisheit. Alte Geschöpfe neigen zu Reminiszenz, Retrospektion, Reflexion – umso mehr wegen ihrer schnell schwindenden Kraft: je schwächer die Hände, umso länger die leeren Momente, die von Gedanken ausgefüllt werden können und müssen. Gedanken absolvieren die alternden Hände von der Sünde der Faulheit – das ist der Grund, weshalb alte Geschöpfe oft für sowohl zynisch wie weise gehalten werden. Kafkas Baugraber widersteht dem Drang, noch mehr Gräben zu graben: „Dieser Graben soll mir Gewissheit bringen? Ich bin so weit, dass ich Gewissheit gar nicht haben will." Ein Leben ohne Ungewissheit – wie wäre das? Wäre es immer noch Leben? Ist nicht Furcht genau die Sache, die das Leben lebenswert macht? Am Ende eines lebenslangen Kampfes um Sicherheit ist die Aussicht, dass diese Sicherheit erreicht ist und nicht länger erkämpft werden muss, erschreckend. Am Ende eines furchterfüllten Lebens ist die schrecklichste Furcht die Abwesenheit von Furcht.

Man kann in dem Satz „Aber alles blieb unverändert", mit dem der Held von „Der Bau" seine Bekenntnisse schließt, einen Seufzer der Erleichterung hören – nachdem er erst inmal zu dem Schluss gekommen ist, er würde ungeachtet all seiner hektischen Aufregung niemals wissen, ob der Feind seinen Schutzbau ausfindig gemacht hat oder nicht und welche Absichten er gehabt haben mag. Der Sinn des Lebens würde das Ableben der Furcht nicht überleben. Sicherheit würde die Totenglocke für das sinnvolle Leben bedeuten und die Absurdität dieses Lebens bloßlegen ...

Wir Menschen sind chronische Sinnsucher. Man kann so weit gehen, die Frage „Wozu?" als Definitionsmerkmal des Menschen anzusehen. Sobald erst einmal Furchtbekämpfung synonym wird mit einem sinnvollen Leben, neigen wir dazu, furchtabhängig zu werden: Wir sich furchtsüchtig. Wir brauchen jeden Tag eine bestimmte Dosis – und wie bei jeder Sucht, die ihren Namen verdient, brauchen wir jeden Tag eine größere Dosis als am Tag zuvor. Was wir am meisten fürchten, ist eine Überdosis, und wir fürchten sie, weil wir das Ende des Fürchtens fürchten, das sie androht. Derrida würde wahrscheinlich Furcht unter die wichtigsten Beispiele für ein *pharmakon* zählen, die „Droge" – jene Einheit von Medizin und Gift, ein Heilmittel, wenn regelmäßig und in der richtigen Menge, ein Gift, wenn im Übermaß verabreicht, wobei die Linie, welche die richtige Dosis von der falschen trennt, unbeständig und unmöglich genau zu bestimmen, geschweige denn zu fixieren ist.

Kein Wunder, dass Furcht verkaufsfördernd ist, und zwar in hohem Maße. Eine neuere Zeitungsanzeige für einen

TV-Satelliten-Riesen ermutigt die Zuschauer einzuschalten: „Was, wenn du dir ein tödliches Virus einfangen könntest, wenn du etwas berührst? Wie etwa eine Zeitung ..." Furchtsüchtige brauchen mehr und immer mehr, und die Nachfrage nach neuen und verbesserten Ängsten wird wahrscheinlich niemals welken, geschweige denn vertrocknen, selbst wenn die Furchtindustrie wie alle konsumentenorientierten Industrien ihren Mangel an Intelligenz durch Übertreibung ausgleicht und ihre Wetten exzessiv gegen Verluste absichert und infolgedessen dazu neigt, immer wieder übers Ziel hinauszuschießen.

In der Furcht hat die Verbraucherindustrie die bodenlose und sich selbst immer wieder auffüllende Goldmine gefunden, nach der sie lange gesucht hat. Für die Verbraucherindustrie ist die Furcht eine vollkommen und wahrhaft „erneuerbare Ressource". Furcht ist das *perpetuum mobile* des Konsumentenmarkts – und damit der gegenwärtigen Ökonomie.

Die Furchtsucht und die Besessenheit von dem Gedanken an Sicherheit haben ihre bei Weitem spektakulärste Karriere in der jüngsten Zeit hauptsächlich in Europa und seinen überseeischen Ablegern, Zweigen und Ablagerungen gemacht. An sich sieht das wie ein Mysterium aus. Schließlich leben wir, wie Robert Castel in seiner eindringlichen Analyse der gegenwärtigen von Unsicherheit genährten Ängste darlegt, „ – zumindest in den entwickelten Ländern – unzweifelhaft in einigen der sichersten [*sûres*] Gesellschaften, die jemals existiert haben".[2] Trotzdem sind es, gegen alle „objektive Evidenz" ausgerechnet „wir", verhätschelt und verzärtelt, wie wir nun einmal sind, die sich mehr bedroht, unsicher und in Angst versetzt fühlen, mehr zur Panik neigen und leidenschaftlicher in Bezug auf alles sind, was mit Sicherheit und Geborgenheit zu tun hat, als die Menschen irgendeiner anderen Gesellschaft, von der wir wissen.

Sigmund Freud nahm dieses Rätsel direkt aus Korn und machte geltend, dass eine Lösung in dem unerschütterlichen Widerstand der menschlichen Seele gegen die trockene „Logik der Tatsachen" gesucht werden sollte. Menschliches Leiden (und also auch die Furcht vor Leiden und Furcht als das quälendste und erbitterndste *specimen* des Leidens) stammt aus drei Quellen: „[Der] Übermacht der Natur, [der] Hinfälligkeit unseres eigenen Körpers und [der] Unzulänglichkeit der Einrichtungen, welche die Beziehungen der Menschen zueinander in Familie, Staat und Gesellschaft regeln."[3]

Was die beiden ersten von Freud genannten Ursachen anbelangt, so schaffen wir es auf die eine oder andere Weise, uns mit den äußersten Grenzen dessen, was wir tun können, abzufinden: Wir wissen, dass wir die Natur nie vollkommen beherrschen werden und dass wir unsere sterblichen Körper nicht unsterblich oder immun gegen den gnadenlosen Strom der Zeit machen können – und so sind wir bereit, uns mit dem Zweitbesten abzufinden. Dieses Wissen ist freilich eher anregend und belebend als lähmend und behindernd: Wenn wir nicht alles Leiden beseitigen können, so können wir doch einige Arten von Leiden beheben und andere lindern – die Sache ist immer wieder einen Versuch wert.

Mit der dritten Art Leiden verhält es sich freilich ganz anders: mit der *sozialen* Leidensquelle. Alles, was Menschen machen, kann von Menschen auch wieder rückgängig gemacht werden. Wir akzeptieren keine Grenze für eine solche Rückgängigmachung – auf jeden Fall keine Grenze, die nicht mit gebührender Entschlossenheit und gutem Willen durch menschliche Anstrengung überschritten werden könnte: Wir „können nicht einsehen, warum die von uns selbst geschaffenen Einrichtungen nicht vielmehr Schutz und Wohltat für uns alle sein sollten". Wenn der „wirklich verfügbare Schutz" und die Wohltaten, die wir genießen, das Ideal nicht ganz erreichen, wenn unsere Beziehungen immer noch nicht ganz nach unserem Geschmack sind, wenn die Regulierungen nicht das sind, was sie sein sollten (und, wie wir glauben, sein könnten), werden wir wahrscheinlich feindselige Anschläge, Komplotte die Verschwörung eines Feindes am Eingangstor oder unter dem Bett vermuten. Kurz: bösen Willen und einen Schuldiger und ein Verbrechen oder eine kriminelle Absicht.

Castel kommt zu einem ähnlichen Schluss, wenn er geltend macht, dass die moderne Unsicherheit sich nicht von einem Zuwenig an Schutz herleitet, sondern von dem „Mangel an Klarheit des Ziels" (*ombre portée*) in einem sozialen Universum, das „um eine niemals endende Jagd nach Schutz und eine rasende Suche nach Sicherheit herum organsiert ist".[4] Die quälende und unheilbare Erfahrung der Unsicherheit ist ein Nebeneffekt der Überzeugung, dass, die richtigen Fähigkeiten und eine wirkliche Anstrengung einmal vorausgesetzt, volle Sicherheit erreicht werden kann (es lässt sich machen, wir können es schaffen) – und wenn sich herausstellt, dass das Ziel nicht erreicht ist, kann der Fehlschlag nur durch eine böse Tat und böse Absicht erklärt werden. In diesem Stück muss es einen Schurken geben.

Wir können sagen, dass die moderne Variante der Unsicherheit charakteristischerweise durch die Furcht vor Übeltat und Übeltäter gekennzeichnet ist. Sie ist durchschossen von einem Verdacht gegen andere und deren Absichten und von der Weigerung oder Unmöglichkeit, der Stetigkeit und Verlässlichkeit menschlicher Gemeinschaft zu trauen. Castel weist die Verantwortung für einen solchen Sachverhalt der modernen Individualisierung zu; er macht geltend, dass die moderne Gesellschaft, die die eng geknüpften Gemeinschaften und Korporationen, die einstmals die Regeln des Schutzes definiert und ihre Anwendung überwacht haben, abgeschafft und sie durch die individuelle Pflicht der Selbstsorge und Selbsthilfe ersetzt hat, auf dem Treibsand der Kontingenz erbaut ist: In einer solchen Gesellschaft sind Unsicherheit und die Furcht vor diffuser Gefahr endemisch.

Wie in allen anderen modernen Transformationen spielte hier Europa die Pionierrolle. Es war auch das erste Land, das mit den unerwarteten und in der Regel unzuträglichen Konsequenzen dieser Veränderung konfrontiert wurde. Dieses entnervende Gefühl der Unsicherheit wäre nicht entstanden, wären nicht gleichzeitig zwei Abweichungen in Europa aufgetreten, um sich später und mit wechselnden Geschwindigkeiten auf andere Teile des Planeten auszudehnen. Die erste Abweichung war, um Castels Terminologie zu folgen, die „Überbewertung" (*survalorisation*) des Individuums, das von den Beschränkungen befreit war, die ihm zuvor durch ein dichtes Netzwerk von sozialen Bindungen auferlegt worden waren.[5] Aber die zweite Abweichung folgte dicht darauf: eine beispiellose Gebrechlichkeit und Verletzlichkeit des Individuums, das des Schutzes entblößt war, den in der Vergangenheit (und ganz prosaisch) dieses dichte Netzwerk der sozialen Bindungen geboten hatte.

Die erste Abweichung entfaltete sich angesichts individueller Menschen, denen sie aufregende, verführerisch riesige Weiten bot, um Selbstkonstitution und Selbstverbesserung zu praktizieren. Aber die zweite Abweichung versperrte den meisten Individuen den Zugang dazu. Das kombinierte Ergebnis aus beiden war, dass das Salz der Schuld immer erneut in die permanent schwärende Wunde der Machtlosigkeit gerieben wurde. Der Name der resultierenden Krankheit lautete Furcht vor Unzulänglichkeit.

Von Anfang an stand der moderne Staat der entmutigenden Aufgabe des Furchtmanagements gegenüber. Er musste das Netzwerk des Schutzes neu weben, das die moderne Revolution zerrissen hatte, und ständig das Netz reparieren, während die kontinuierliche Modernisierung, die von jenem Staat gefördert wurde, daran zerrte und es durchscheuerte. Im Gegensatz zu einer weit verbreiteten Ansicht war es der *Schutz* (die kollektive Versicherung gegen individuelles Missgeschick) und nicht die *Neuverteilung von Reichtum*, der das

Innerste des „Sozialstaats" bildete, zu dem die Entwicklung des modernen Staates unaufhaltsam führte. Für Menschen ohne ökonomisches, kulturelles oder soziales Kapital (ohne alle Aktivposten außer ihrer Arbeitsfähigkeit) ist „Schutz kollektiv oder gar nicht".[6]

Anders als die schützenden Netzwerke der vormodernen Vergangenheit waren die vom Staat konzipierten und vom Staat verwalteten Sicherheitsnetze entweder absichtlich und planvoll konstruiert oder sie hatten sich durch ihren eigenen Schwung aus den anderen großformatigen konstruktiven Arbeiten, die für die Moderne in ihrer „massiven" Phase charakteristisch sind, entwickelt. Die Wohlfahrtseinrichtungen und Provisionen (manchmal „Soziallöhne" genannt), die vom Staat verwalteten oder unterstützten Gesundheitsdienste, Schul- und Wohnungsbau und Fabrikgesetze, die die wechselseitigen Rechte und Verpflichtungen beider Seiten in Arbeitsverträgen und ebenso das Wohlergehen und die Ansprüche der Arbeitnehmer festlegen, bieten Beispiele der ersten Kategorie.

Das wichtigste Beispiel der zweiten Kategorie waren Fabrikgelände, Gewerkschaften und Berufssolidarität, die in der relativ stabilen Umwelt der „Fordistischen Fabrik" Wurzel schlugen und „natürlich" gediehen, jener Kurzfassung der massiv-modernen Szenerie, in der die meisten, die „kein anderes Kapital hatten", Halt fanden. Die Bindung zwischen den entgegengesetzten Seiten der Kapital/Arbeit-Beziehungen war in jener Fabrik wechselseitig und beständig, sie machte beide Seiten voneinander abhängig, befähigte sie aber gleichzeitig dazu, langfristig zu denken und zu planen, die Zukunft festzulegen und in sie zu investieren. Die Fordistische Fabrik war aus diesem Grunde ein Areal bitteren, manchmal aufkochenden, meistens aber vor sich hinköchelnden Konflikts (die langfristige Beschäftigung und wechselseitige Abhängigkeit aller Seiten machte die Konfrontation zu einer vernünftigen Investition und zu einem

Opfer, das sich bezahlt machte) – aber es war auch ein Ort des Vertrauens und infolgedessen für Verhandlungen, Kompromisse und die Suche nach einem konsensuellen Modus des Zusammenlebens. Mit seinen klar definierten Laufbahnen, ermüdenden, aber beruhigend stabilen Routinen, dem geringen Tempo des Wandels in der Zusammensetzung der Arbeitsgruppen, dem anhaltenden Nutzen von erworbenen Fertigkeiten und den deshalb hohen Werten, die akkumulierter Arbeitserfahrung beigemessen wurde, konnten die Risiken des Arbeitsmarkts auf Abstand gehalten werden, Unsicherheit konnte gedämpft, wenn nicht sogar völlig eliminiert werden, und Ängste konnten dem marginalen Bereich von „Schicksalsschlägen" und „Unglücksfällen" zugewiesen werden, statt den Ablauf des alltäglichen Lebens zu durchtränken. Vor allem konnten all die vielen, denen es an jedem anderen Kapital außer ihrer Arbeitskraft mangelte, auf die Kollektivität zählen. Solidarität verwandelte die Arbeitsfähigkeit in ein Ersatzkapital – und eine Art Kapital, von dem man, nicht ohne Grund, hoffte, es würde ein Gegengewicht gegen die kombinierte Macht aller anderen Arten von Kapital darstellen.

Moderne Ängste wurden beim ersten Anfall von Deregulierung-cum-Individualisierungswahn geboren, in dem Augenblick, als die verwandtschaftlichen und nachbarschaftlichen Beziehungen, die, fest zu Gemeinschafts- oder Korporationsknoten gebunden, anscheinend ewig oder zumindest seit unvordenklichen Zeiten bestanden hatten, gelöst oder zerschnitten wurden. Die massiv-moderne Art des Furchtmanagements neigte dazu, die irreparabel zerstörten „natürlichen" Beziehungen durch ihre künstlichen Äquivalente in Form von Assoziationen, Zweckverbänden, und Teilzeit-, trotzdem quasi-permanenten Kollektiven zu ersetzen, die durch gemeinsame tägliche Routinen vereint waren; *Solidarität* trat an die Stelle der *Zugehörigkeit* als Hauptschutzschild gegen ein zunehmend risikoreiches Schicksal.

Die Auflösung der Solidarität hatte das Ende der massiv-modernen Mode des Furchtmanagements bezeichnet. Jetzt sind die modernen, künstlichen, verwalteten Schutzmaßnahmen an der Reihe, gelockert, demontiert oder auf andere Weise zerbrochen zu werden. Europa, der erste Kandidat, der die moderne Generalüberholung erlitten und der erste Kandidat, der das ganze Spektrum der Folgen durchlaufen hat, durchlebt nun die „Deregulierung-cum-Individualisierung, zweite Version" – diesmal freilich nicht aus eigener Wahl, sondern unter dem Druck globaler Kräfte, die es nicht länger kontrollieren kann.

Paradoxerweise werden – je mehr von den Schutzmaßnahmen „von der Wiege bis zum Grab", die nun überall unter Beschuss stehen, lokal übrigbleibt – xenophobische Ventile für die wachsenden Gefühle drohender Gefahr umso attraktiver. Die wenigen (meist skandinavischen) Länder, die sich immer noch sträuben, die aus massiv-modernen Zeiten übrig gebliebenen institutionalisierten Schutzmechanismen aufzugeben, indem sie die vielfältigen Kräfte bekämpfen, die darauf drängen, sie zu reduzieren oder gänzlich aufzulösen, sehen sich selbst als von feindlichen Truppen belagerte Festungen an. Sie betrachten die Überreste des Sozialstaats als ein Privileg, das bis aufs Messer gegen Eindringlinge verteidigt werden muss, die darauf aus sind, sie zu plündern oder weiter zu verwässern und auszudünnen. Xenophobie, der wachsende Verdacht einer fremden Verschwörung und Ressentiment gegen „Fremde" (meistens Migranten, diese lebhaften und höchst sichtbaren Erinnerungen daran, dass Mauern durchbrochen und Grenzen ausgelöscht werden können, natürliche, nach Verbrennung schreiende *effigies* der mysteriösen, außer Kontrolle geratenen Globalisierungskräfte), kann als eine perverse Widerspiegelung verzweifelter Versuche angesehen werden, zu retten, was an Resten lokaler Solidarität noch zu retten ist.

Sobald erst einmal Konkurrenz an die Stelle der Solidarität tritt, finden sich Individuen ihren eigenen, jämmerlich mageren und offensichtlich unzulänglichen Ressourcen überlassen. Der Verfall und die Zersetzung kollektiver Bindungen hat sie, ohne ihre Zustimmung zu suchen, zu Individuen *de jure* gemacht – aber überwältigende und schwer kontrollierbare Kräfte verhindern ihren Aufstieg zum angestrebten Modell von Individuen *de facto*.⁷ Wenn unter massiv-modernen Bedingungen das am meisten gefürchtete individuelle Missgeschick im Misslingen der Anpassung bestand, dann ist jetzt – im Kielwasser der flüssig-modernen Wende – das erschreckendste Gespenst die Unzulänglichkeit. Gewiss ist es eine gut begründete Furcht, erwägt man die gähnende Lücke, die die Quantität und Qualität der für die effektive Produktion einer selbstgemachten, aber nichtsdestoweniger verlässlichen und vertrauenswürdigen Sicherheit erforderlichen Ressourcen von der Gesamtsumme der Materialien, Werkzeuge und Fertigkeiten trennt, die die Mehrheit der Individuen im besten Fall erwerben und behalten kann.

Robert Castel verweist auch auf die Wiederkehr der gefährlichen Klassen.⁸ Aber man sollte bemerken, dass die Ähnlichkeit zwischen ihrem ersten und ihrem zweiten Erscheinen bestenfalls partiell ist.

Die ursprünglichen „*gefährlichen Klassen*" bestanden aus dem zeitweilig ausgeschlossenen und noch nicht wieder integrierten Bevölkerungsüberschuss, den der sich beschleunigende ökonomische Prozess einer „nützlichen Funktion" beraubt hatte, während die sich beschleunigende Pulverisierung der Bindungsnetze sie des Schutzes beraubt hatte. Die neuen „gefährlichen Klassen" sind dagegen diejenigen, die für eine Reintegration als ungeeignet angesehen und als unassimilierbar bezeichnet werden, da man sich keinerlei nützliche Funktion vorstellen kann, die sie nach ihrer „Rehabilitation" verrichten könnten. Sie sind nicht nur einfach unnötig, sondern *überflüssig*. Sie sind *permanent* ausgeschlossen – einer von den wenigen Fällen von „Permanenz", den die flüssige Moderne nicht nur erlaubt, sondern aktiv fördert. Statt als Ergebnis eines momentanen und reparierbaren Missgeschicks wahrgenommen zu werden, verströmt die heutige Exklusion einen Hauch von Finalität. Mehr und mehr tendiert die Exklusion heute dazu, eine Einbahnstraße zu sein. Brücken, die einmal verbrannt worden sind, werden aller Wahrscheinlichkeit nach nie wieder aufgebaut. Es ist die Unwiderruflichkeit ihrer Vertreibung und die Trübheit ihrer Chancen, gegen das Urteil Berufung einzulegen, die die zeitgenössischen Ausgeschlossenen zu „gefährlichen Klassen" macht,

Die Unwiderruflichkeit der Exklusion ist eine direkte, wenngleich unvorhergesehene Folge der Auflösung des Sozialstaats – als eines Gewebes etablierter Institutionen, aber vielleicht noch bezeichnender als eines Ideals und Projekts. Die Auszehrung, der Niedergang und Zusammenbruch des Sozialstaats bedeuten schließlich nichts anderes als das Verschwinden von Rettungschancen und die Rücknahme des Berufungsrechts und so auch das allmähliche Verschwinden von Hoffnung und das Welken jedes Willens zum Widerstand. Statt als Zustand der „Beschäftigungslosigkeit" (wobei der Ausdruck eine Abweichung von der Norm bedeutet, einen zeitweiligen Kummer, der geheilt werden kann und geheilt wird), fühlt sich Arbeitslosigkeit zunehmend an wie ein Zustand der „Überflüssigkeit" – verworfen sein, als überflüssig gebrandmarkt sein, nutzlos, nicht beschäftigbar und verurteilt, „ökonomisch inaktiv" zu bleiben. Arbeitslosigkeit impliziert, entsorgbar zu sein, vielleicht wirklich schon und ein für alle Mal entsorgt – zum Abfall des „ökonomischen Fortschritts" gehörig, jener Veränderung, die in letzter Instanz darauf hinausläuft, dieselbe Arbeit zu leisten und dieselben ökonomischen Resultate zu erzielen, nur mit geringerer Arbeitskraft und geringeren „Arbeitskosten" als vorher.

Nur eine schmale Linie trennt heute die Arbeitslosen und insbesondere die Langzeitarbeitslosen von einem Sturz in das schwarze Loch der „Unterschicht": Männer und Frauen, die in keine legitime soziale Abteilung fallen, Individuen, die außerhalb der Klassen bleiben und keine der anerkannten, gebilligten, nützlichen und unentbehrlichen Funktionen innehaben, die „normale" Mitglieder der Gesellschaft ausüben – Menschen, die nichts zum Leben der Gesellschaft beitragen, außer worauf die Gesellschaft gut verzichten könnte und was sie lieber heute als morgen los wäre. Genauso dünn ist die Linie, die die „Überflüssigen" von den „Kriminellen" trennt: Die „Unterschicht" und die „Kriminellen" sind nur zwei Subkategorien der antisozialen Elemente, die sich voneinander mehr durch die offizielle Klassifikation und die Behandlung unterscheiden, die ihnen zuteil wird, als durch ihre eigene Einstellung und ihr Verhalten. Genau wie diejenigen, die keinen Job haben, werden Kriminelle (das heißt, diejenigen, die ins Gefängnis kommen, angeklagt sind oder unter polizeilicher Überwachung stehen oder einfach nur in Polizeiakten registriert sind) nicht länger als Menschen angesehen, die zeitweilig aus dem normalen sozialen Leben herausgedrängt worden sind und „umerzogen", „umgeschult" und bei der erstbesten Gelegenheit „in die Gesellschaft wiedereingegliedert" werden müssen – sondern als permanent marginalisiert, ungeeignet für „soziale Wiederverwertung", als Menschen, die, fern von der Gemeinschaft der Gesetzestreuen, auf Dauer davon abgehalten werden müssen, Unheil anzurichten.

Abflussmöglichkeiten für die Entsorgung der „überflüssigen Menschen" sind nicht länger verfügbar. Jahrhundertelang pflegte das sich modernisierende Europa die Überschussbevölkerung, überflüssig gemacht durch technologischen und ökonomischen Fortschritt zu Hause, in Übersee abzuladen – lang gesuchte und endlich gefundene „globale" Lösungen für lokal erzeugte soziale Probleme. Heute freilich ist die Abfallentsorgungsindustrie, eine weitere moderne Erfindung, in einer tiefen Krise, obwohl die Produktion von „menschlichem

Abfall" in den entwickelten Ländern Europas und dem Rest der westlichen Welt unvermindert weitergeht: Abfallhalden fern von zu Hause sind knapp geworden und schrumpfen schnell. Gebiete, die als leer oder unterbevölkert galten, haben jetzt angefangen, ihre eigenen Bevölkerungsüberschüsse zu produzieren; in bestimmten Abständen stecken sie ihre eigenen überflüssigen jungen Leute in Soldatenuniformen mit dem Auftrag, irgendwelche Nachbarvölker zurückzutreiben, um mehr Platz für sich selbst zu gewinnen, während andere junge Leute in Zivilkleidern bleiben und in ferne Länder geschickt werden, mit Instruktionen, ihre daheimgebliebenen Familien zu unterstützen, indem sie ihnen Geld schicken, das sie dort draußen verdienen sollen, aber nicht verdienen würden, wenn sie zu Hause blieben. Mangels einer Alternative müssen die „Unterschicht" und die schnell wachsende Gefängnis-und-Inhaftierungsindustrie die lokal produzierten „zum Abfall bestimmten Menschen" absorbieren, welche die überseeischen Länder, nicht länger die Gebiete europäischer Kolonialisierung, nicht aufsaugen werden; und die zunehmend dünn gesäten sozialen Hilfsfonds sind in Gefahr, weiter verwässert zu werden – durch die Opfer des ökonomischen Fortschritts, die sich in fremde Kontinente aufmachen –, welche die eben entstehenden Behörden weder aus ihrem Elend befreien dürfen noch wollen.

Da die früheren Kolonien fortwährend gedrängt oder gezwungen werden – durch die vereinten Kräfte der vom Internationalen Währungsfond (IWF) unterstützten globalen Banken und Handelsgesellschaften, denen manchmal militärische und für einen „Regimewechsel" ausgerüstete Expeditionstruppen Beistand gewähren –, ihre Grenzen für die Weltmärkte zu öffnen und alle Hoffnung fahren zu lassen, sie könnten sich gegen fremde, mit dem Decknamen „freier Wettbewerb" versehene Übernahmen stemmen, sind sie nicht in der Lage, die Strategie anzuwenden, die in der Vergangenheit von den Pionieren der Modernisierung, namentlich von Europa, angewendet worden ist: die Strategie, die schließlich zum Erscheinen des Sozialstaates geführt hat. „Märkte", sagt Benjamin R. Barber, „können durch poröse Nationalgrenzen hindurch bluten und sind durch die Logik der Souveränität kein bisschen mehr eingeschränkt als SARS,* Verbrechen oder Terrorismus."[9] Die Privatisierung nationaler Güter (oder der Güter, die nationaler Reichtum werden könnten, würden sie nicht an den Meistbietenden versteigert oder den meistgefürchteten Bieter, bevor ihm noch die Chance gegeben wird zu bieten), die der IWF und die Weltbank zur Bedingung jeder beliebigen finanziellen Hilfeleistung und das Pentagon zur Bedingung für Immunität im Falle eines „Regimewechsels" gemacht hat, hilft natürlich nicht dabei, „die Macht eines gemeinsamen Willens und öffentlichen Gutes über die Anarchie der privaten Macht zu privilegieren"; ganz im Gegenteil, es „feiert die von Gesetz, Regulierungen oder Regierung unbelastete private Macht" und verkehrt dadurch die traditionelle Logik des Gesellschaftsvertragsgedankens, auf den Amerika gegründet wurde und dem Europa bis vor Kurzem, sei es auch in immer neuen Ansätzen, durch seine moderne Geschichte hindurch folgte.

Die Chance, lokal produzierte Überschussbevölkerung in entfernten Teilen des Globus abzuladen, diese Chance, die einem sich modernisierenden Europa ein Sicherheitsventil eröffnet hatte, solange die moderne Ökonomie ein exquisit europäisches Privileg blieb, steht Ländern nicht zur Verfügung, die heute in die Modernisierungstretmühle geraten. Länder, die einstmals ihre massiven Überschüsse an Arbeitskraft exportierten, öffnen heute für deren Import keine Türen. Sie benötigen immer noch einen Zustrom von billiger Arbeitskraft, um die schmutzigen, schlecht bezahlten und beschwerlichen Jobs in bestimmten Zweigen der Ökonomie

---

* [A. d. Ü.: Abk. für *severe acute respiratory syndrome* (Atemwegserkrankung)]

wie dem Bauwesen, Catering, öffentlichem Transport oder Hotelgewerbe zu übernehmen, so dass die Türen nicht gänzlich verschlossen werden können; aber der Eintritt wird strikt kontrolliert. Wenn David Blunkett, der britische Innenminister (nicht ohne erheblichen Druck von Industriellen, die hungrig sind nach billigen, gehorsamen und „flexiblen" Arbeitskräften) erklärt: „Wir benötigen eine legale, beaufsichtigte ökonomische Migration", dann setzt er unmittelbar hinzu „von der Art, die unsere Ökonomie braucht".[10] Und um keinen Zweifel zu lassen, dass keine humanen Motive im Spiel sind und keine „allgemeinen Menschenrechte" bei der Behandlung der Enterbten eine Rolle spielen und dass die „Erfordernisse unserer Ökonomie" die einzige Erwägung sind und bleiben, beeilt er sich anzukündigen, dass die Wohltaten des Sozialstaats den neuen Immigranten nicht zur Verfügung gestellt werden und dass die Zahl der Anträge auf Asyl weiter fallen wird dank der strengeren Behandlung, die unerwünschten und zurückgewiesenen Asylsuchenden zuteil werden wird – wie Abschiebelager und erzwungene Rückführung in ihre Herkunftsländer oder in Flüchtlingslager in Drittländern.

Alain Morice bezeichnet die jüngsten Veränderungen der europäischen Politik gegenüber Flüchtlingen aus dem verarmten und konfliktgeplagten Süden – exemplifiziert durch die vom holländischen Parlament verabschiedete Billigung einer Entscheidung, 26 000 Asylsuchende aus Ländern wie Tschetschenien, Afghanistan oder Somalia abzuschieben – als „Tod und Begräbnis des Asylrechts" (das im Jahre 1951 gebilligt und beinahe universal unterstützt worden war).[11] Es gibt einen totalen, koordinierten Rückzug von dem Versprechen, Menschen, deren Leben in Gefahr ist, aufgrund ihres Rechts auf Leben Sicherheit zu gewähren; der Unterschied zwischen der Behandlung, die den Asylsuchenden zuteil wird, und der, die die bloß ökonomischen Migranten erfahren, ist so gut wie ausgelöscht. Heutzutage geht die Tendenz dahin, ausgewählten Drittländern auf anderen Kontinenten Geld zu geben, um Lager einzurichten, wo potenzielle Asylsuchende festgehalten werden, bevor es ihnen gelingt, irgendein europäisches Ziel zu erreichen (wie sie es die ganze Zeit gegen alle Chancen versuchen: In den letzten zehn Jahren sind mehr als 4 000 Menschen bei dem Versuch gestorben – ertrunken, nachdem sie auf nicht seetüchtigen Schiffen gefahren sind, auf denen sie zu exorbitanten Preisen untergebracht wurden, oder erstickt in versiegelten Lastwagen oder in kleinen Hohlräumen in deren doppelten Böden). Diesem Schritt zur Internierung von Zufluchtsuchenden in Lagern in sicherer Entfernung von jeglichem Ort, wo sie ein neues Leben beginnen könnten, hat die Regierung Großbritanniens den Weg gebahnt, die den Lagern den irreführenden und vielleicht täuschenden Namen *„transit processing centres"* (Transitabwicklungszentren) gibt; aber die Idee hat unmittelbar die Phantasie anderer europäischer Regierungen beflügelt. Dies folgt aus der öffentlichen Erklärung von Ruud Lubbers, dem UN-Hochkommissar für Flüchtlinge, im Jahr 2003, dass statt des Schutzes von gefährdeten Individuen und Gruppen und Hilfeleistung bei ihrer Ansiedlung seine wichtigste Aufgabe und seine größte Sorge jetzt darin bestehe, die Anstrengungen der europäischen Regierungen zu erleichtern, potenzielle Asylsuchende zu „delokalisieren", sie auszuweisen oder daran zu hindern, Europa zu betreten.

Wir können sagen, dass das neue planetarische Imperium, betrieben und verwaltet vom globalen Kapital und Handel, tagtäglich Präventivschläge gegen jedes aufkeimende „Sozialvertragsdenken" in der postkolonialen Welt führt. Die weniger erwünschte Seite der massenhaften Privatisierung von Profiten und Werten ist die Notwendigkeit, jeden möglichen Widerstand gegen die erzwungene Verunsicherung des individuellen Schicksals abzuwehren. In letzter Instanz verhindert die Politik, die von den internationalen Institutionen des Freihandels verfolgt wird, die Schaffung einer öffentlichen Sphäre, in der individuelle Entscheidungen zu öffentlichen Entscheidungen gerinnen, Staatsbürgerschaft und demokratische Selbstregierung Wurzeln schlagen und Prinzipien und Institutionen des kollektiven Schutzes gegen individuell erlittene Risiken im Rahmen der politischen Praxis verhandelt werden könnten.

Kurzum: Die Taten des planetarischen Imperiums strafen seine Worte Lügen. Die Taten unterminieren, ja zerstören vielleicht sogar ebendieselben Chancen der Demokratie, in deren Namen der ökonomische Arm des Imperiums angeblich die verbleibenden jungfräulichen Länder des Planeten pflügt, während der militärische Arm die Länder unter polizeiliche Aufsicht stellt, wo Schüsse des Widerstands gegen die räuberische Ausbeutung der lokalen Ressourcen vermutet werden können. Beide Arme kooperieren dabei, sicherzustellen, dass ein „Sozialstaat" keine Option ist. Aber wenn ein Sozialstaat keine Option ist, was ist die Alternative?

Statt die Samen der Demokratie zu säen sind beide imperialen Arme damit beschäftigt, diktatorische und korrupte, wenngleich biegsame Regierungen zu etablieren und alle anderen auszuhungern, funktionsunfähig zu machen und zu entwurzeln. Der Planet ist heute übersät mit Lehen von Warlords, Besitztümern von Starken Männern und „Nicht-Staaten". An solchen Orten ist die Herrschaft des Herrschers meist darauf reduziert, alles, was an Werten von globalen Beutemachern verschont und noch nicht durch einheimische Kriege zerstört worden ist, in private Schatztruhen umzulenken. Für die Beherrschten bedeutet diese Situation durchgängige Entmündigung, materielle Armut und keinerlei Hoffnung auf Verbesserung. Sie bedeutet ebenso das tägliche Elend einer risikoreichen und prekären Existenz und ewiger Furcht; ein fragiles Leben, das verneint und in jedem Augenblick ungültig gemacht werden kann. Jungen Menschen mit der Aussicht auf ein Leben ohne Aussichten bietet die Entscheidung, sich in den Dienst des einen oder anderen kriegführenden Chiefs zu begeben, sich einer der konkurrierenden bewaffneten Banden anzuschließen oder in eins der improvisierten militärischen (terroristischen) Trainingslager einzutreten, die einzige realistische Chance für „Lebenskarrieren", ja, für ein sinnvolles Leben – oder zumindest für einen sinnvollen Tod.

Anderswo intervenieren religiöse Gemeinschaften, um den totgeborenen oder abgetriebenen Sozialstaat zu vertreten. Sie bieten Schutz und Solidarität, die attraktivsten Versprechen des Sozialstaats, obgleich sie, anders als der Sozialstaat, Zugehörigkeit, Gleichheit und Konformität als die primären Garanten der Sicherheit bieten. Sie stellen eine „Sicherheit in Zahlen"* nach Art einer Menge oder eines Schwarms zur Verfügung statt eines Sicherheitsnetzes, mit dem die Planer des Sozialstaates und Wohlfahrtsschutzes hofften, Freizügigkeit, individuelle Urteils- und Handlungsfreiheit und den Mut, Risiken einzugehen, zu fördern. Es ist natürlich zu früh zu sagen, ob der gegenwärtige religiöse Fundamentalismus, der mangels anderer, säkularer Schutzmechanismen im globalen Casino gegen die Risiken des Lebens an Attraktivität und Einfluss gewinnt, im Rückblick als ein Treibhaus individualistischer Lebensphilosophien und Strategien erscheint, ähnlich denen, die der europäische Sozialstaat zu fördern suchte. (Hatte sich nicht der puritanische Fundamentalismus, wie Max Weber bekanntlich behauptete, die puritanischen Propheten freilich unmöglich voraussagen konnten, als Ouvertüre zu der selbstzentrierten egoistischen Rationalität des modernen Kapitalismus erwiesen?) Kurzfristig freilich ist es eher wahrscheinlich, dass der gegenwärtige religiöse Fundamentalismus, der gegen die mächtige Flut des vom Markt

---

* [A. d. Ü. : Anspielung auf die *security numbers* des amerikanischen Sozialversicherungssystems.]

geförderten Individualismus anrennt, eine Periode des verknöchernden Dogmas, sich verschärfender doktrinaler Antagonismen, manichäischer Weltanschauungen und religiöser Kriege herbeiführt.

Gegenwärtig haben diese beiden Prozesse – das Zerreißen der traditionellen schützenden Netzwerke und die Verhinderung von Planung und Bau von Einrichtungen, die an ihre Stelle treten könnten – die wachsende Unsicherheit des Planeten zum Ergebnis, und zwar, wegen der innigen Interdependenz aller Teile des Globus und seiner Bewohner, des ganzen Planeten.

Die Kombination aus real existierender oder erhoffter und geplanter Vollbeschäftigung und einem dichtem Netzwerk von staatsverwalteten Schutzmaßnahmen gegen die Launen des individuellen Schicksals während der „Glorreichen Dreißiger Jahre" im Nachkriegseuropa resultierten in einem allgemeinen Gefühl sozialer Stabilität und individueller Sicherheit. Die Gründe für ein solches Gefühl und infolgedessen auch für das Vertrauen auf eine gesicherte Zukunft (außer im Fall eines nuklearen Holocaust natürlich) waren, wie Philippe Robert jüngst erklärte, ein „Unsicherheitsstopper" (*„bloqueur d'insécurité"*),[12] mit kollektiv garantiertem Zugang zu beinahe allen wesentlichen Annehmlichkeiten – Unterbringung, Transportmittel, Gesundheitsdienste und Schule – im Verein mit dem Aufkommen des Massenkonsums. Man könnte natürlich dagegenhalten, dass der Preis für eine solche Sicherheit alles andere als bescheiden war; Arbeit wurde routinisiert und insgesamt langweilig und unaufregend, die Löhne waren eher niedrig und stiegen nur langsam – „aber man konnte eine Wohnung mieten, heiraten, ein Fahrzeug auf Kredit kaufen" und auch sonst sein Leben „langfristig" planen, ohne eine plötzliche Katastrophe zu fürchten, die das Wohlergehen der Familie über Nacht zerstören könnte.

Jobsicherheit lieferte eine besonders nahrhafte Speise für das Vertrauen in die Zukunft: gesetzlich geschützte kollektive Arbeitsverträge, weiter verstärkt durch die Tarifabschluss-fördernde Auswirkung der Drohung, Arbeitskräfte zurückzuziehen, unter Bedingungen einer Fast-Vollbeschäftigung und der relativen Immobilität von Kapitalanlagen veranlasste beide Seiten, einen *modus coexistendi* zu suchen, auszuhandeln und zu respektieren, der die langfristige Sicherheit bieten würde, die beide brauchten und ersehnten. „Wir sind gegenwärtig kaum geneigt", beobachtet Richard Sennett, „routinisierte Zeit als eine persönliche *Errungenschaft* aufzufassen, aber wenn man einmal an die Belastungen, Hochkonjunkturen und Flauten des industriellen Kapitalismus denkt, wird sie oft dazu … Routine kann herabwürdigen, aber sie kann auch schützen; Routine kann Arbeit zersetzen, aber sie kann auch ein Leben zusammenhalten."[13]

Robert datiert das Ende der „Glorreichen Dreißiger" und die Zeiten der seligen Unbekümmertheit um Lebensrisiken auf die Mitte der siebziger Jahre des 20. Jahrhunderts. Zu ebendieser Zeit drang die Frage der „Unsicherheit" wie aus dem Nichts ins öffentliche Bewusstsein, um sich umgehend im Zentrum der öffentlichen Debatte niederzulassen. Die Deregulierung der globalen Bewegung des Kapitals und des Arbeitsmarkts hatte gerade erst begonnen. Ihre unmittelbare Wirkung bestand in längerfristiger, wahrscheinlich chronischer und insgesamt aussichtsloser Arbeitslosigkeit, Zerbrechlichkeit oder Abwesenheit von Arbeitsverträgen, befristeter oder bedarfsweise flexibler Arbeitszeit und nicht festgelegten Löhnen. Nach einigen Dekaden einer, wie es im Rückblick ausgesehen haben muss, seligen Sicherheit muss die neue Arbeitsordnung (oder eher das plötzliche Chaos) wie ein Schlag gekommen sein, der die Welt zerschmetterte, wie sie „Menschen ohne ein anderes Kapital als ihre Arbeitskraft" kannten. Exklusion wurde nicht länger als ein momentanes Stolpern empfunden, sondern als eine dauerhafte, vielleicht sogar permanente Lage – und die Behörden verstärkten diesen Eindruck durch einen erschreckenden Wandel im Vokabular ihrer programmatischen Verlautbarungen: von der Eliminierung und Verhinderung der Exklusion zur Eindämmung und Verwaltung der Ausgeschlossenen.

Eine erstaunliche Entdeckung, die Robert gemacht hat, ist die eines relativ niedrigen Niveaus von Gewaltverbrechen zu einer Zeit, da Furcht vor Gewalt und vorrangige Beschäftigung mit der Sicherheit einen Sprung nach oben machten. Berichte zeigen, dass der Umfang gewalttätiger Handlungen erst einige Jahre, *nachdem* die öffentliche Meinung ihre Allgegenwart und anschwellende Masse als „offensichtlich" betrachtete und als öffentliche *doxa* abheftete, zu steigen anfing. Dass sich die Angst auf Areale fokussierte, die meist von jüngst eingewanderten Immigranten bewohnt wurden, Brutstätten der Gewalt, wo es nach allgemeiner Ansicht vor Kriminellen nur so wimmelte, kam erst später – aber der Weg war gut bereitet durch die Jahre existenzieller Erschütterungen und sein Fortgang folgte der fortdauernden Abwicklung des kollektiven, institutionalisierten Schutzes individueller Leben auf dem Fuße. Die Angst suchte verzweifelt nach einem geräumigen, praktischen und glaubwürdigen Ventil. Es war ein beinahe natürlicher, offensichtlicher Schritt, dass man zwei und zwei zusammenzählte und das neue, unvertraute Gefühl der Unsicherheit und Zerbrechlichkeit hinsichtlich des eigenen vertrauten Platzes in der Welt mit einer neuen unvertrauten Sicht der seltsam aussehenden und sich seltsam verhaltenden Menge, die die vertrauten Straßen füllte, verband.

Es waren nicht nur diejenigen am unteren Ende der neuen „Stratifikation nach dem Grad individueller Sicherheit", die von Angst überwältigt waren, die ein Ventil suchte – nicht nur die ungelernten Arbeiter, die schon den Launen eines „flexiblen", deregulierten Arbeitsmarkts ausgesetzt waren, der nur zerbrechliche, flüchtige und eminent unzuverlässige

Jobs bot. Das Gespenst der Überflüssigkeit, die Wahrnehmung einer schnell schwindenden Distanz zwischen einer anscheinend soliden Stellung in der Welt und einem Funktionsverlust, der einen zu Abfall werden ließ, muss alle und jeden heimgesucht haben: diejenigen, die anscheinend noch sicher waren ebenso wie diejenigen, die ausgemustert wurden. Die Gezeiten der Prekarisierung überschwemmten den gesamten Bereich der sozialen Positionen, von unten bis oben, von den am offensichtlichsten Privilegierten bis zu den am auffälligsten Deprivierten – obgleich natürlich rein statistisch die Chancen der Exklusion und ihrer Tiefe steigen, je niedriger der Startpunkt einer Karriere liegt.

Nach Jacques Donzelots Meinung gibt es heutzutage keine Linie, die die Eingeschlossenen von den (potenziell) Ausgeschlossenen trennt und am allergewissesten keine feste und undurchdringliche (sichere!) Grenze, die die beiden Kategorien auseinanderhält. „Inklusion" und „Exklusion" sind eher zwei Pole eines glatten Kontinuums, zwischen denen die Lebenswege aller Männer und Frauen verlaufen und ihre Bahnen hin und her schwanken – erratisch und unverhersehbar. „Die Ausgeschlossenen", sagt Donzelot, „repräsentieren nur das Extrem, eine Art von finaler Stufe der Bewegung der Desegregation, die im Zentrum beginnt, obgleich sie am stärksten die an der Peripherie trifft."[14] Exklusion ist zu einer realistischen Aussicht für praktisch jedermann geworden, und jedermann muss bereit sein, mit der daraus resultierenden Angst fertig zu werden.

Die Vielfalt von verfügbaren Ressourcen einmal vorausgesetzt, unterscheiden sich die Arten, mit der Angst fertigzuwerden. Menschen, für die die Möglichkeit der Exklusion im Augenblick einfach nur ein Alptraum ist, dem sie noch nicht ins Auge sehen müssen, wenn sie hellwach sind, versuchen vielleicht, den Gedanken daran durch eine räumliche Trennung von den schon Betroffenen zu unterdrücken: Abstand halten – zu Hause, im Büro und auf dem

Weg vom einen zum anderen – von denen, die schon getroffen und zu Boden gegangen sind, wandelnde Mahnmale einer universal geteilten Gefahr. Die Leute, von denen sie sich fernzuhalten suchen, verfügen freilich über keinen derartigen Luxus. Es sind ihre Straßen, die den vollen Schlag der ausschließenden Stürme abbekommen, und kein Isolierband oder keine patentierten Schlösser, auch keine Überwachungsanlagen wären imstande, die Türen ihrer Häuser zu schützen.

Die Hinfälligkeit und Unvorhersagbarkeit der Rahmenbedingungen, unter denen man seinen Lebensunterhalt verdient, sind wahrscheinlich die fruchtbarsten Quellen der Angst, aber nicht ihre einzigen. Die neue Verletzlichkeit und Zerbrechlichkeit der menschlichen Bindungen[15] sind ein weiterer mächtiger Grund, sich zu beunruhigen und um die Zukunft zu bangen. Es gibt, wenn überhaupt, nur wenige wolkenlose, von Vorahnungen freie Momente, wenn man das Adressenverzeichnis seines „Netzwerks" durchblättert oder überfliegt oder das Mini-Keyboard seines Handys knetet. Ständig drohen Partnerschaften zu zerbrechen, Verpflichtungen sind widerruflich und unverbindlich, Telefonanschlüsse sind tot, Anrufe bleiben beharrlich unbeantwortet, und herzlose Brüskierungen treten an die Stelle der gewohnt freudigen Begrüßung, die man leichtgläubig als rechtmäßig geschuldet ansah. Die Durchmusterung des Netzwerks ist wie Schlittschuhlaufen auf glatt poliertem Eis: anregend auf einer an Wochenenden besuchten Kunsteisfläche, aber ermüdend, wenn es zur einzig verfügbaren Oberfläche für den täglichen Spaziergang wird, da es nach voller Wachsamkeit verlangt und keine Ruhe erlaubt.

Mögen dies schon gute Gründe dafür sein, sich nervös und erschrocken zu fühlen, so sind sie doch nur der Anfang einer langen Liste von Quellen der Angst. Solange Verführung (immer flüchtig, immer in mörderischem Wettbewerb mit anderen Ködern und Verlockungen) normative Regulierungen verdrängt und Aufregung über das Erwachen neuer und unerprobter Begierden an die Stelle der Monotonie der Befriedigung alter und langweilig gewordener Bedürfnisse tritt, ist nur wenig Zeit, innezuhalten, sich zu entspannen und seine Glücksgüter zu zählen. Was zählt, ist die (vergängliche) *Aneignung*, nicht der (dauerhafte) *Besitz*; rasche und rechtzeitige Beseitigung, nicht sichere Obhut und Bewahrung. Man weiß niemals, was man morgen begehren muss und wann die Objekte des heutigen Begehrens ihren Glanz verlieren. Was zählt, ist, seine Ohren zu spitzen, um die ersten Signale zu hören, dass das Neue „reinkommt" und das Alte „rausfällt"; eher in der Bahn zu bleiben, als sie zu Ende zu laufen, da die Ziellinie entweder fehlt oder sich schneller bewegt als selbst der schnellste Läufer. Andererseits: Das Leben eines Läufers mag ja erfreulich sein (oder zumindest haben wir uns zu dieser Überzeugung durchgerungen), aber sicher ist es erschöpfend. Der Preis ist die niemals zur Ruhe gebrachte Furcht, zu stolpern, außer Atem zu kommen, ganz aus der Bahn zu geraten.

Die Liste der Ängste ist wie die Flugbahn des Konsumenten – endlos und aller Wahrscheinlichkeit nach unbeendbar. Furchtkapital, aus dem ökonomisch und politisch Gewinn gezogen werden kann, ist in jeder praktischen Hinsicht unbegrenzt.

Vor wenigen Wochen waren die Fernsehbildschirme voll von Menschen, die sich in den Hallen von Flughäfen drängten, die tagelang auf die Starterlaubnis für ihre Flugzeuge warteten und stundenlang darauf, zu den Körperscannern und Befragungskabinen zu gelangen, um von oben bis unten von Spürhunden abgeschnüffelt zu werden, bevor sie an Bord konnten – die ganze Zeit über bewacht von schwer bewaffneten Wachen. Schwärme von mutmaßlichen Schuldigen, die alle darauf warteten, seine oder ihre individuelle Unschuld zu beweisen.

In unseren Zeiten öffentlicher Bekenntnisse wäre es kein gutes Fernsehen, wenn sich die Reporter nicht Gesichter aus der gesichtslosen Masse herauspickten – männliche und weibliche Gesichter, junge und alte – und diese Leute danach fragten, wie sie sich fühlen … Und so taten die Reporter also, was man von ihnen erwartete und fragten: „Sind Sie nicht wütend darüber, von Ihren Nächsten und Liebsten ferngehalten zu werden? Ihre geschäftliche Verabredung zu verpassen? Ihre Urlaubszeit damit zu verbringen, die Anzeigetafeln zu beobachten und sich für die Kontrollen einzureihen?" „Oh nein, ganz im Gegenteil! Wir sind erfreut und dankbar", lauteten die Antworten, alle Antworten, einhellige Antworten, Antworten im Chor, einzeln immer und immer wieder geprobt, die ganze Skala vom Sopran bis zum Bass. „Was für eine Erleichterung. Wir haben uns noch nie so sicher gefühlt. Die Sicherheitsleute tun wirklich ihre Arbeit."

So weit nichts Neues. Viele Jahre, bevor Charles Lindbergh den Weg für Transatlantikflüge freigemacht hatte und noch mehr Jahre, bevor Nagelfeilen zuerst in Großmutters Handtasche geröntgt und dann triumphierend an den Kontrollausgängen konfisziert wurden, zirkulierte in Osteuropa eine Geschichte von einem ergebenen Anhänger des großen Rabbi von Schytomyr, der versuchte, einen ungläubigen Thomas von den überirdischen Fähigkeiten seines heiligen Mentors und dessen Allmacht zu überzeugen. „Die Juden von Kiew sandten eine Abordnung zum Rabbi, um sich zu beschweren, dass es in ihrer Stadt von Antisemiten wimmele, und ihn zu bitten, etwas dagegen zu tun", sagte er. „Um den Juden zu helfen, betete der Rabbi zu Gott und bat ihn, die Höhle der Schurken niederzubrennen – und Gott stimmte, wie immer, zu. Die Abgesandten waren freilich überrascht von der Strenge, Geschwindigkeit und pauschalen Natur der Antwort. Sie wiesen den Rabbi darauf hin, dass einige nette Leute, von denen selbst diese heimgesuchte Stadt einige besaß, von dem Feuer verbrannt werden könnten. Also betete der Rabbi von

Neuem, wobei er diesmal Gott bat, Kiew nicht in Rauch aufgehen zu lassen." „Und kannst du nicht sehen", rief der Chassid ekstatisch, „niemand wurde verbrannt, kein Haus wurde geplündert, Kiew ist immer noch gesund und ganz!" Die Geschichte endete – wie zu erwarten – mit der Bekehrung des Skeptikers.

Also was ist neu, abgesehen von der Ersetzung des Rabbis durch vom Staat betriebene oder kommerzielle Sicherheitsgesellschaften, der Gebete durch Überwachungsanlagen, Röntgenstrahlen, Spürhunde und Fingerabdrücke und der Chassiden durch Herausgeber und Geschichtenschreiber des Boulevards? Zu ebender Zeit, als diese Geschichte in den kleinen Städten von Osteuropa zirkulierte, bemerkte Karl Marx, dass sich die Geschichte zweimal ereigne, das eine Mal als Tragödie, das andere Mal als Farce; in diesem Fall freilich ist die Reihenfolge umgekehrt worden. Der Scherz hat sich als unheimlich real erwiesen; die Groteske hat sich in eine Tragödie verwandelt.

Ein guter Teil der Research&Development-Geldsummen der Marketinggiganten ist für die Produktion von Konsumenten bestimmt. Es wäre witzlos, Gelder auf die Erfindung von „neuen und verbesserten" Konsumentengütern zu verschwenden, gäbe es keine Konsumenten, die nach ihnen verlangten und gierten, bereit, ihr Geld für ihren Anteil am ersten Schub auszugeben und sich für dieses Privileg stundenlang hintereinander anzustellen. Neue Güter erregen den Eifer des Konsumenten, weil sie zu liefern versprechen, was die Konsumenten brauchen – aber würden die Konsumenten wissen, was sie brauchen und wohin sie sich wenden sollen, um es zu bekommen, wenn sie nicht richtig aufgeklärt würden? Wahrscheinlich nicht; sie hätten nicht die geringste Ahnung, was sie *wirklich* brauchen, und natürlich hätten sie nicht die geringste Idee, welche Art von Werkzeug oder Dienstleistung die beste wäre, um ihr Bedürfnis zu befriedigen.

Natürlich könnten selbst die erfinderischsten Medienberater kein total neues Bedürfnis aus Nichts schaffen. Vielmehr müssen sie aus einer Sehnsucht, einem Unbehagen oder einer Besorgnis Kapital schlagen, die schon empfunden wird, obgleich gegenwärtig noch in „roher" Form, noch unverarbeitet, aber doch auf jeden Fall „verarbeitbar": eine unartikulierte Spannung, bislang ohne Namen, noch diffus und unfokussiert. Je weniger definit die vage gefühlte Unruhe ist, desto besser. Medienberater möchten gerne, dass ihr Rohmaterial vage und formlos ist, flexibel, unterwürfig, sanft und knetbar, bereit, viele Formen anzunehmen – so dass ihm jene spezifische Form gegeben werden kann, die die Lieferanten von Gütern nur allzu gerne liefern wollen oder im Angebot haben. Ihre Rolle läuft letztlich darauf hinaus, „eine Verbindung herzustellen". Sie besteht darin, die nebligen und verstreuten Ängste zu einem Bedürfnis mit einem Namen zu verdichten, und dann das, was die Märkte gegenwärtig anzubieten haben, als die richtige Antwort auf dieses Bedürfnis zu vorzuführen. Dieselben Ängste können umgeformt werden, um auf verschiedene Angebote zu reagieren – und sie werden tatsächlich oft wiederverwertet. Sobald einmal ein bestimmtes Angebot aus welchen Gründen auch immer zurückgezogen wird, muss die früher hergestellte Verbindung getrennt werden und die losen Enden zu einem anderen Knoten verknüpft werden.

Das auffälligste unter den Angeboten, die gegenwärtig vom „politischen Markt" zurückgezogen werden, ist wohl das des Sozialstaats; im Streit mit der Logik des Konsumentenmarkts fiel er, nicht überraschend, als Erster dem Rückzug des Staates von der normativen Regulierung der Geschäftsunternehmungen zum Opfer. Der Konsumentenmarkt gedeiht auf demselben Furchtkapital, das der Staat auszumerzen versprach, als er beabsichtigte, ein Sozialstaat zu werden; hauptsächlich aus diesem Grunde ist alles, was direkt oder indirekt mit der Philosophie und Praxis des „Sozialstaats" in Beziehung steht, für die Philosophen und Praktiker des Konsumentenmarkts ein *anathema*. Der Erfolg des Sozialstaats bedeutet die Stagnation oder das Hinscheiden des Marktes und so ist der Sozialstaat das erste Hindernis, das die Marktkräfte aus dem Weg ihres eigenen Erfolgs räumen müssen.

Die Flucht aus der Furcht ist das beste „Verkaufsargument". Nichts verkauft sich so gut wie die Antifurchtmechanismen, und das auffälligste Symptom des Übergangs der Macht vom Staat zum Markt besteht in der Politik, die Steuern zu senken, eine Politik, deren Endergebnis darin besteht, die Gelder wieder auf den Markt zu verschieben, die früher in die Schatztruhen des Staates gelenkt worden sind, um sozial bereitgestellte individuelle Sicherheit zu finanzieren; mit anderen Worten, die „Kommerzialisierung der Furcht" – ein massiver Transfer der Ressource namens Furcht von der Regierungsgewalt der politischen Macht zu der Regierungsgewalt der Spieler auf dem Markt. Es ist diese Ressource, die an erster Stelle „dereguliert" und „privatisiert" worden ist. Es liegt nun am Konsumentenmarkt, Kapital aus der andernfalls vernachlässigten Furcht zu schlagen. Und das tut er – mit Enthusiasmus und immer steigenden Fertigkeiten.

Sei es der magische Schaum, der die dem bloßen Auge unsichtbaren und aus diesem Grunde besonders erschreckenden Teppichmilben ausrottet, Bleichmittel mit geheimen Ingredienzen, die garantiert den Schmutz, „den man sieht und den man nicht sieht", zerstören, Klebeband, um die Fenster gegen Anthraxterroristen zu versiegeln, TV-Kameras, um Fremde abzuhalten, von denen unspezifizierte Gefahren ausgehen, organische Lebensmittel, die vor den Hausierern mit ihren vergifteten und/oder vergiftenden Nahrungsmitteln schützen, und Diätnahrungen, die Körperfett, ihre Fünfte Kolonne, abbauen und zerstören oder SUVs – bewaffnete Personenwagen mit Rammspornen anstelle von Stoßstangen, um die kleineren „Fahrer aus der Hölle" abzuwehren, mit beruhigend dicken Stahlplatten, um das gefahrengesättigte „Außen" in Schach zu halten – wenn es dazu kommt, sich menschlicher Ängste zu bedienen und menschliche Ängste profitablen Verwendungen zuzuführen, dann kennt der Erfindungsreichtum der Marktbefürworter keine Grenzen. Und dann gibt es immer noch die letzte, unüberschreitbare Linie der Gräben: die Furcht, mit den Geräten von gestern erwischt zu werden, die die vorgestrigen Ängste in Schach halten sollten ...

Die sich schnell entwickelnde „Sicherheitsindustrie", die einzige Industrie, für die die Gefahr, überflüssig zu werden, äußerst gering ist und die mit Recht behaupten kann, das zu sein, was sie predigt, das heißt, sicher zu sein, dürfte wohl der Hauptnutznießer der Demontage des Sozialstaates sein. Am 30. Januar 2004 gab Google, aufgefordert, nach Websites zu suchen, die sich auf Sicherheit beziehen, (in 0,14 Sekunden) ungefähr 66 400 000 Einträge aus. Lycos brauchte einen Bruchteil einer Sekunde mehr, um 91 266 444 auszugeben, während Alltheweb sogar 95 635 722 fand. Natürlich haben angesichts des Kommerzialisierungsgrades des Internets die Angebote von phantastischen Geräten, die dazu dienen, die Sicherheit des Körpers oder der Besitztümer ihrer Erwerber zu vergrößern, den Löwenanteil an diesen Zahlen. Das einzige „Sicherheitsanliegen", das der Staat immer noch als sein Monopol in Anspruch nehmen kann (wie er einst, zu Max Webers Zeiten, Besitz und Verwaltung der Mittel der Rechtserzwingung als sein Monopol beanspruchte) – der Terrorismus und der Kampf dagegen –, nahm einen vergleichsweise winzigen (obgleich für sich betrachtet keineswegs unbeträchtlichen) Teil des weltweiten Informationsnetzes ein. Google listete 5 190 00 Sites auf, Altavista 8 614 569 und Lycos stand an erster Stelle mit 9 011 981.

Nachdem der Staat den Ehrgeiz aufgegeben und das Versprechen zurückgezogen hat, seine Untertanen von Ängsten zu befreien, die aus den Risiken des Leben stammen, kann er sich nicht mehr die Legitimation zunutze machen, die er den größeren Teil der modernen Geschichte über entfaltete, um sein Verlangen nach Unterwerfung seiner Untertanen unter Recht und Ordnung zu rechtfertigen. Ein effektiver Schutz vor den zufälligen Schlägen, die die unbarmherzige und uneingeschränkte Marktkonkurrenz austeilt, ist einfach nicht möglich und kann dem Staat auch nicht zugutegehalten werden – weder als Leistung noch als glaubwürdige Aussicht. Nichtsdestoweniger wird jeder Versuch dazu aller Wahrscheinlichkeit nach einen verheerenden Gegenschlag des globalen Kapitals auslösen, und die schädlichen Wirkungen würden letztlich der Inkompetenz derer zur Last gelegt werden, die es versucht hatten, und deshalb dem Staat als Beweis seiner falsch kalkulierten „Wirtschaftspolitik" entgegengehalten werden. Als ein Resultat des schnellen und erbarmungslosen Schrumpfens des Reichs der souveränen Entscheidungen des Staates hat die „Legitimationskrise", die vor mehr als zwei Jahrzehnten von Jürgen Habermas thematisiert wurde, sich über die Jahre hin kontinuierlich vertieft und scheint jetzt einen Punkt erreicht zu haben, an dem es kein Zurück mehr gibt.

Wenn Demokratien sich einer Zeit der Krise gegenübersehen (wie die Legitimationskrise unserer Tage), dann, so macht Eugen Weber geltend,

> können sich diffuses Unbehagen und Furcht auf die anderen fokussieren, die bezichtigt werden, den Einheimischen Arbeit wegzunehmen, das Brot von ihren Mündern, Sicherheit von ihren Straßen und Steuern aus ihren Taschen. In solchen Zeiten verwandeln sich Leute, die als Nachbarn leben, in Feinde; entspannter Nationalismus schlägt um in ein xenophobes *Wir* gegen *Sie*. Normalerweise werden Immigranten zunächst angeschwärzt und marginalisiert, dann aber integriert und assimiliert. In schweren Zeiten freilich wandelt sich latente Antipathie in offenes Ressentiment und Hass, wie in der Großen Depression, als die Holländer, Belgier Schweizer,

Briten, Franzosen und Amerikaner sich entschlossen, die Immigration zu beschränken. Menschenrechte sind nur das, was einige Menschen anderen einräumen ... Demokratie drückt aller Wahrscheinlichkeit nach ebenso die Vorurteile der Mehrheit aus wie ihre besseren Gefühle und Bestrebungen.[16]

Die rasende Suche nach einer alternativen Legitimation, die auf den schädlichen Gezeiten reiten konnte, statt von ihnen davongespült zu werden, führte Staaten in das Gebiet, wohin die Verkäufer von Konsumgütern, die längst die Gelegenheit zu neuen und profitablen Geschäften gespürt hatten, schon *en masse* eingewandert waren: das der persönlichen Sicherheit. Da dieses Gebiet schon überfüllt war, dicht gepackt mit Händlern, bestand die Herausforderung darin, einen Sektor herauszuschneiden oder hinzuzufügen, den die Staatsorgane glaubwürdig als ihren eigenen monopolistischen Bereich beanspruchen konnten; die Art Bedrohung der Sicherheit, die, um realistisch bekämpft zu werden, die einzigartigen Prärogativen des Staates benötigen würde. Die exklusive und unbestrittene Rolle von Staatsautoritäten bei der Konfrontation mit der Neuauflage von Sicherheitsbedrohungen wurde, wie Jo Goodey dargelegt hat, gesucht durch die „Verschmelzung von Immigrations- und Verbrechensfragen in ein Innere-Sicherheit-Kontinuum" sowie durch die Verknüpfung „einer schon lange bestehenden Dämonisierung des 'Anderen' in Form der Bedrohung der Europäischen Union durch Verbrechen, die von unerwünschten 'Ausländern' ausgingen, mit dem wachsenden Immigrationsdruck in der EU", die „eine leichte Ehe zwischen Verbrechensfragen und Migrationsfragen zuließ".[17]

Durch diese Fusion und diese Botschaft hat der Staat in seinem Kampf für eine Ersatzlegitimation einen unbezahlbaren Aktivposten erworben. Die Gelegenheiten für spektakuläre Zuschaustellungen von Staatsaktivität (und der Unentbehrlichkeit des Staates) waren auf diesem Gebiet ohnehin schon zahlreich, aber nun konnten sie nach Belieben vervielfältigt werden. Ein großer Teil öffentlicher Aufmerksamkeit kann leicht auf Anstrengungen der Regierung gelenkt werden, „echte" von „unechten" Flüchtlingen oder Asylanten zu unterscheiden und unter denen, denen es, nach einer *high-tech*-Überprüfung und einem sorgfältigen Auswahlverfahren, erlaubt worden ist, ins Land zu kommen, potenzielle „Wohlfahrtsschnorrer" und Mafiosi unter die Lupe zu nehmen. Obendrein hat, wie Rory Carroll beobachtete, Europa, „indem es praktisch alle legalen Zugangswege geschlossen hat, sichergestellt, dass Außenseiter keine andere Chance haben als auf Menschenhändler zu setzen. Diese setzen einen Preis fest, der auf Nachfrage, Kosten und Risiko beruht. Europas Strategie ist es, diese Kosten und Risiken so hoch wie möglich zu machen."[18] Riesige neue Verbrechensräume werden hierdurch heraufbeschworen, die den Regierungen eine Menge zu tun geben, um die bedrohte Sicherheit ihrer Bürger zu schützen. Das „Migrations-Verbrechens-Sicherheits"-Kontinuum (Goodeys Formulierung) erlaubt den Staaten Europas, ihre kraftvolle neue Legitimation in der neuen Vermischung von polizeilicher Überwachung und Einwanderungsstrategien zu finden.

Der 11. September 2001 eröffnete einen weiteren, noch bequemeren Raum für die Konstruktion der neuen Legitimation. Schon allein die Größe dieses Raums ist enorm, aber der neue Raum hat weitere Vorteile, die die Fokussierung von Sicherheitsängsten auf die Flüchtlinge allein nicht hat.

Trotz ihrer prekären Position am äußersten Rand der Extraterritorialität (sprich: außerhalb des Rechtsraums) können Flüchtlinge immer noch (zumindest im Prinzip) an „Menschenrechte" appellieren, wie ungenau diese Rechte auch immer sein mögen, und manchmal erfolgreich ihre Zuflucht suchen bei lokalen oder übernationalen Gerichten und den legalen Verfahren, die den Einheimischen des Landes ihrer Ankunft zur Verfügung stehen. Es gibt Grenzen, an denen selbst die erfinderischsten Initiativen der Behörden, die eifrig darauf bedacht sind, gesehen zu werden, wie sie ihre Muskeln anspannen, haltmachen müssen. Am Ende des Tages muss das Beweismaterial für einen Zusammenhang von Immigration und Kriminalität präsentiert werden und diese 'Schuld durch Assoziation' (Verbindung mit einer schuldigen Person) muss bewiesen werden, wie lange auch immer das Ende durch die Koalition von sukzessiven Horrorgeschichten in den Boulevardzeitungen und regierungsunterstützter Panik aufgeschoben wird. Flüchtlinge können, wie andere menschliche Wesen, darauf rechnen, als unschuldig zu gelten, bis ihre Schuld erwiesen ist – und deshalb sind sie perfekte Kandidaten (um Giorgio Agambens Begriff aufzugreifen) für den Status des *homo sacer* – eines Status außerhalb aller legal anerkannten Status, eine Daseinsform, frei von allen üblichen Bedeutungen, und eine, für die weder menschliche noch göttliche Gesetze gelten.

Terroristen andererseits können offen und explizit außerhalb des Bereichs der Humanität platziert werden: physisch – in Guantánamo Bay oder im Bagram Camp und ihren weniger bekannten Ebenbildern, Orte, die in jeder Hinsicht und unbestreitbar extraterritorial und von jeder territorial gebundenen Rechtsprechung hermetisch abgetrennt sind, Orte, über die kein etabliertes Rechtsprechungssystem Souveränität beanspruchen kann und wo keine der Regeln gilt, die als unentbehrliche Bestandteile der Menschenrechte angesehen werden, die es den Insassen erlauben, die Vorwürfe zu bestreiten und zu versuchen, ihre Unschuld zu beweisen oder sich über inhumane Behandlung zu beschweren. Die Absicht, einen terroristischen Akt zu begehen, ist *per definitionem* gleichbedeutend mit einem Beweis der Inhumanität, und einer solchen Absicht beschuldigt zu werden ist (in der Praxis, wenn nicht in der Theorie) Beweis genug, dass eine Behandlung, die Mitgliedern der menschlichen

Gemeinschaft vorbehalten ist, hier keine Anwendung findet. Wenn sie öffentliche Ängste auf die Drohung des Terrorismus und öffentliche Besorgnis auf den „Krieg gegen den Terrorismus" fokussieren, erwerben die bestehenden Mächte eine Manövrierfreiheit, die im Fall jedes anderen, echten oder vermuteten, öffentlichen Feindes unverfügbar und unvorstellbar ist. In keinem anderen Fall kann der Staat praktisch frei sein von der Furcht, seine Selbstdarstellung als der einzigen Schranke, die zwischen seinen Untertanen und ungenannten wie auch unaussprechlichen Schrecken steht, könnte als „aufgepeppt", als überproportional vergrößert oder als regelrecht trügerisch demaskiert werden. In keinem anderen Fall kann sich der Staat in seiner Rolle als Rechtsvollstrecker ähnlich sicher fühlen, dass seine Untertanen geneigt sein werden, die *Nicht-Realisierung* von Gefahren als Beweis ihrer Realität und der segensreichen Erlöserrolle der staatlichen Sicherheitsorgane anzusehen, die vor dem nahen Bevorstehen solcher Gefahren gewarnt hatten. „Terrorverdächtige könnten unter umfassenden Maßnahmen, die dazu dienen sollen, die Drohung einer Al-Qaida-Gräueltat zu bekämpfen, allein schon auf der Beweisgrundlage einer 'elektronischen Belauschung' von Telefonanrufen und E-Mails überführt werden", stellt der *Observer* am 22. Februar 2004 fest. Aber dies ist noch nicht alles: Nach den neuen Antiterrorismus-Ermächtigungen für die Regierung „gelten Verdächtige auf der Grundlage niedrigerer Beweisstandards als in den Strafgerichten als überführt, und zwar solcher Verbrechen überführt, die noch nicht einmal begangen worden sind, wie etwa der Absicht, einen Selbstmordanschlag zu verüben".

Wie wir schon zuvor gesehen haben, ist die Größe und Schwere von Risiken nicht leicht zu beweisen oder zu widerlegen; diese Schwierigkeit wird jetzt durch ein ganz einfaches Mittel beseitigt, nämlich die Zulassung (unspezifizierter) „niedrigerer" Maßstäbe für Beweise, dass „diese Leute" (die Verdächtigen, die morbider Intentionen schuldig sind, die man ihren Telefongesprächen entnommen hat) „ein Risiko sind". Da Risiken in unserer Zeit nach allgemeinem Konsens allgegenwärtig sind (wie auch die potenziellen Träger des Risikos), eröffnet eine solche Abweichung praktisch grenzenlose Aussichten für gegenwärtige und zukünftige machtunterstützte Furcht-Fabriken. Das Problem ist nicht länger, ob die Angeklagten schuldig oder unschuldig sind und ob offizielle Warnungen korrekt, betrügerisch oder frisiert sind, sondern ob die offizielle Definition der Angelegenheit, die auf unenthüllten und zugegebenermaßen unenthüllbaren Zeugnissen beruhen, unabhängig in Augenschein genommen, geprüft und bestätigt oder in Frage gestellt werden kann. Die Dosierung der öffentlichen Angst hängt jetzt mehr von den Bekämpfern der Terroristen ab als von den Terroristen selbst; und so kann sie mehr von den politischen Bedürfnissen von Regierungen bestimmt werden, die unfähig sind, ökonomische Turbulenzen zu zügeln, als von der Skala des Schadens, den die Terroristen so gerne anrichten wollen und können.

Kein Mensch, der bei Sinnen ist, kann die Realität der terroristischen Drohung bestreiten. Solange unser gemeinsames planetarisches Heim so chaotisch bleibt und die globalen Mächte so ungezügelt und frei von Politik und ethischer Führung und unsere krampfartigen Reaktionen auf terroristische Verbrechen so einseitig, privatisiert und dereguliert sind, wie sie es jetzt infolge einer einseitigen, privatisierten und deregulierten Globalisierung sind, wird diese Bedrohung real bleiben. Exterritorialer Terrorismus ist ein genauso unvermeidliches Produkt der Art, wie die Globalisierung der menschlichen planetarischen Interdependenz voranschreitet, wie es extraterritoriale Finanzen und Handel, Verbrechen und Korruption sind; er wird nur verschwinden, wenn auch die neue „Weltunordnung" verschwindet – sein Heimatland und Spielplatz und die unerschöpfliche Quelle seiner immer erneuerten Stärke.

In seiner Reaktion auf die spanische Antwort auf das terroristische Verbrechen in Madrid bemühte der amerikanische Verteidigungsminister das Gleichnis von Nachbarn, die darüber entscheiden, ob man in eine Jagd auf lokale Übeltäter, die eine tödliche Bedrohung für sie alle seien, eingreifen sollte oder nicht. Die stillschweigende Annahme war, dass der von den Amerikanern geleitete Angriff auf Afghanistan und den Irak und *a priori* ähnliche Angriffe, die in Zukunft von Amerikanern angeführt werden könnten, die echte und einzig richtige Jagd seien, und dass diejenigen, die den Verdacht hätten, die Angriffe seien schlecht geplant, kontraproduktiv und weit neben dem Ziel und die deshalb nach anderen produktiveren Wegen suchten, um den Terrorismus zu bekämpfen, eben gerade dadurch aus dem „Krieg gegen den Terrorismus" aussteigen. Aber Rumsfelds Parabel und die Annahme, die sie indirekt als angeblich selbstverständlich präsentiert, wie auch die meisten Kommentare, die dem Sieg der Sozialisten in den spanischen Wahlen folgten – die annahmen, der mögliche Rückzug der spanischen Besatzungstruppen aus dem Irak bedeute, sich vom Kampf gegen Terroristen zu distanzieren – war nur ein weiteres Symptom einer gefährlich verdrehten, ständig das Thema wechselnden Agenda. Im Gegensatz zu dem, was die Parabel nahelegt, ist der wahre Streitpunkt nicht, ob die Anstrengung, die Terroristen zu vernichten, ebenso eine Pflicht Europas wie der USA ist, sondern ob „der Krieg gegen den Terrorismus", an dem sich nach amerikanischer Auffassung Europa beteiligen sollte, die richtige Form ist, den eine solche Anstrengung annehmen sollte.

Die wirkliche Wahl besteht darin: entweder den Planeten fruchtbar zu halten für Terrorismus, indem man seine Grenzland-Bedingungen eines allgemeinen Wettkampfes aller gegen alle auf Dauer stellt und damit verschlimmert, oder den Planeten in einer Weise zu reformieren, die es unwahrscheinlich erscheinen lässt, dass die Saat des Terrorismus

Wurzeln schlägt und aufgeht (wenngleich, da Menschen nun einmal so sind, wie sie sind, keine denkbare Reform die Drohung terroristischer Akte vollständig eliminieren wird). Der wirkliche „Krieg gegen den Terrorismus" wäre eine konzertierte Anstrengung, den Planeten gastfreundlich für die Menschheit und ungastfreundlich für seine Feinde zu machen. Ein solcher „Krieg" würde freilich viel mehr erfordern als die Entsendung von Flugzeugen, um den Irak, Afghanistan oder jede Menge anderer auserwählter Ziele zu bombardieren; obendrein ist es keineswegs sicher, dass diejenigen, die sich für die Strategie entscheiden, Flugzeuge zu schicken, diese Strategie auch für den richtigen Weg für die Fortsetzung des Kampfes halten. Und gemessen an seinen bisherigen Wirkungen ist der Verdacht, dass Rumsfelds Strategie uns von der erklärten Absicht des „Krieges gegen den Terrorismus" abbringt, statt uns dem Ziel einer planetenweiten friedlichen menschlichen Koexistenz näherzubringen, nur allzu gut begründet.

Wenn es die Absicht von Al-Qaida war, dafür zu sorgen, dass der Westen in Angst lebt und seine Fähigkeit verliert, seine Standards von Freiheit, Gerechtigkeit, Demokratie und menschliche Würde aufrechtzuerhalten (all diese Werte, deren geplante Zerstörung den Al-Qaida Führern und deren Anhängern wiederholt und mit Recht vorgeworfen wird), dann scheint er seinem Ziel näher gekommen zu sein, als er es sich aus eigener Kraft jemals hätte erträumen können. Der bittere Kommentar von Robert Taber (dem Amerikaner, der auf Castros Seite auf der Playa Grion gekämpft hat) zur Guerilla-Kriegführung ist im Fall der gegenwärtigen Hochflut an terroristischen Verbrechen bestätigt worden und zwar in besonders düsterer Form: Die Guerilla (oder die Terroristen) kämpft den Krieg der Flöhe, und ihr militärischer Feind leidet unter den Nachteilen des Hundes: zu viel zu verteidigen, ein Gegner, der zu klein, allgegenwärtig und agil ist, als dass man ihn fassen könnte …

Sobald einmal der „Krieg gegen den Terrorismus" in der Rumsfeld-Version geführt wird, bleibt den militärischen Terroristenjägern nur wenig, außer einer anderen sarkastischen Beobachtung zu folgen, die von dem großen römischen Historiker Cornelius Tacitus stammt: Sie schaffen eine Wildnis und nennen es Frieden. Es ist die Wildnis, die sie schaffen, die die Aussicht auf Frieden so fern und so augenscheinlich nebulös macht.

4. UNTERWEGS ZU EINER EUROPAFREUNDLICHEN WELT

„Wozu braucht Europa Stärke?", fragt Tzvetan Todorov. Und er antwortet: „Um eine bestimmte Identität zu verteidigen, die die Europäer für verteidigenswert halten."[1]
Was freilich könnte diese „Identität" sein, (dieses Etwas, das, wie Paul Ricoeur sagt, seinen Träger erkennbar von allen anderen unterscheidet, während es ihn zur gleichen Zeit erkennbar sich selbst ähnlich macht – obwohl die Zeit vergeht? Eine besondere, ungewöhnliche, vielleicht bislang einzigartige Form des Lebens, eine bestimmte Art, zusammenzuleben, sich aufeinander zu beziehen und sich die Gegenwart der anderen zunutze zu machen, durch die die Europäer dazu neigen, die Anständigkeit/Schicklichkeit der Welt zu messen, durch die sie geschaffen werden, während sie sie schaffen; eine Form des Lebens, die sie mit wechselndem Erfolg zu praktizieren suchen. Wie ich am Anfang diese Buches dargelegt habe, war einer der auffälligsten Züge der europäischen Identität die Neigung, immer hinter Identität herzulaufen, während diese ihren Verfolgern stets weit voraus bleibt.

Das, was „verteidigenswert" ist (wie auch das, was es wert ist, dafür zu kämpfen, und das, dessen Verlust schmerzt), wird „Wert" genannt. Sage mir, welches deine Werte sind, und ich sage dir, was deine „Identität" ist. Im Fall von Europa, das immer darum gekämpft hat, sich einem Zustand anzunähern, den es für gut und wünschenswert hielt, statt sich mit seinem jeweiligen Zustand abzufinden (ganz zu schweigen davon, unweigerlich die Frage aufzuwerfen, wie gut dieser letzte Zustand war und sich so darüber klar zu werden, wie viel er zu wünschen übrig ließ), ist die Verbindung zwischen Werten und Identität möglicherweise noch inniger als in anderen Fällen: Die Identität wird durch die Werte, die Europäer hochschätzen, viel treffender definiert als durch irgendein anderes ihrer Merkmale.

Todorov, der dank einer Biographie*, die beide Seiten dessen umspannte, was manche Leute als Europas äußere Grenze ansehen – während es andere für Europas zweitausend Jahre alte, inzwischen allerdings veraltete „große Trennlinie" halten – für diese Aufgabe bestens geeignet war, bietet eine Liste solch typisch europäischer Werte.

„Typisch europäische" Werte? Diese Qualifikation bezieht sich nicht auf die Grenzen ihrer gegenwärtigen oder – weit wichtiger – ihrer potenziellen *Anziehungskraft* (die – wieder eine integrale Eigenschaft der europäischen Identität – als universal, als allgemein menschlich unterstellt wird; die charakteristische Eigenschaft europäischer Werte ist die Überzeugung, Werte ergäben nur dann einen Sinn, wenn sie als allumfassend angesehen werden, und sie seien nicht zu verteidigen, wenn sie nicht für die gesamte Menschheit gälten), sondern auf ihren *Ursprung*. Diese Werte sind „typisch europäisch", weil sie auf dem Teil des Planeten erdacht, artikuliert und ausgearbeitet wurden, der gewöhnlich als das „eigentliche Europa" bezeichnet wird, und ihre Artikulierung und Ausarbeitung kann nicht vom Gang der europäischen Geschichte getrennt werden. Eben mittels ihrer Artikulierung und Ausarbeitung nahmen die Positionierung und die sukzessiven historischen Verkörperungen Europas ihren Lauf.

„Rationalität" steht auf Todorovs Liste an erster Stelle. Rationalität, wie ich hier ein für alle Mal betonen will (um mir so die Notwendigkeit zu ersparen, es zu wiederholen, wenn weitere Werte diskutiert werden), als *Wert*, nicht als Eigenschaft der alltäglichen Realität Europas. Nach den

---

* [A. d. Ü.: Tzvetan Todorov, in Bulgarien geboren, lehrte in Frankreich und den USA.]

Kriterien, die durch den Wert „Rationalität" bestimmt werden, sind Europas Vergangenheit und Gegenwart mit Taten äußerster Irrationalität übersät. Vieles von dem, was in Europas Geschichte geschehen und getan worden ist, würde heute eine Prüfung auf seine Vernünftigkeit hin nicht bestehen – und das könnte es auch kaum, denn das, was für Vernunft und ihre Kriterien gehalten wurde, hat sich im Laufe der Zeit zusammen mit Europa selbst ständig verändert. Aber die Überzeugung, dass sich alle Gewohnheiten und ihre Brüche vor dem Gerichtshof der Vernunft zu rechtfertigen hätten, war und bleibt *eine* Gewohnheit, mit der Europa kaum jemals gebrochen hat. Dieser Glaube stellte Argument und Diskussion über Gewalt – er war eine Ermutigung, „eher Argumente als Schläge auszutauschen".

Da das „real existierende Europa" immer ein bisschen hinter dem Europa hinterherhinkte, das Europa sein wollte, machte diese Überzeugung die Europäer inhärent kritisch und selbstkritisch. Sitze im obersten Gerichtshof konnten zu allen Zeiten nur für die Vernunft und für diese allein reserviert werden – aber keiner der Amtsinhaber, die zu einer bestimmten Zeit in ihrem Namen sprachen, war vor einer kritischen Überprüfung wirklich sicher. Wir können im Rückblick sagen, dass Kritik und Unzufriedenheit statt Selbstvertrauen und Zweifelsfreiheit sich als der beständigste Inhalt von „Rationalität" als europäischem Wert erwiesen haben. Rational zu sein in der Bedeutung, die der Idee der Rationalität verliehen wurde oder die sie in der europäischen Geschichte erworben hat, bedeutet, niemals frei zu sein von dem Verdacht, die Vorschriften der Vernunft seien falsch gelesen oder missverstanden oder falsch angewendet worden – und dringend Korrekturen angebracht seien.

„Gerechtigkeit" steht auf Todorovs Liste auf Platz zwei. Ein weiterer Wert, dessen Natur, wie ich anmerken will, am besten als Schlagen des Gewissens oder durch die Metapher eines Stachels im Fleisch, als Sporn, als Hefe begriffen wird.

Die Linie, die „gerecht" von „ungerecht" trennt, bleibt selten längere Zeit unverändert. Es wäre schwierig und höchst wahrscheinlich unmöglich, sich eine Gesellschaft vorzustellen, in der weitere Grenzkorrekturen überflüssig wären, und zu hoffen, eine bestimmte Beschreibung gebiete für lange Zeit einen Konsensus (obgleich es verfehlt wäre zu erwarten, die Versuche, die Linie einzufrieren, würden jemals aufhören). Wie „Rationalität" ihre wahre Macht zeigt, wenn sie sich gegen die gegenwärtig verkündeten Urteile der Vernunft richtet, enthüllt „Gerechtigkeit" ihre wahre Macht dann, wenn die bestehende Gesellschaft der Unfairness, Unbilligkeit, Begünstigung, Korruption oder Voreingenommenheit angeklagt wird. Man kommt der Definition einer „gerechten Gesellschaft" wohl damit am nächsten, dass man sagt, eine Gesellschaft sei dann „gerecht", wenn sie nicht glaubt, sie sei gerecht genug, und deshalb entschlossen ist, sich mehr Mühe zu geben.

Wenn man „Gerechtigkeit" als einen Wert aus eigenem Recht, als einen nicht-instrumentellen Wert auffasst, werden alle anderen Werte zu subsidiären, instrumentellen Werten gemacht. Das bietet der Gerechtigkeit zumindest die Chance, gegen das Virus der Verführung durch andere, heller glänzende Preise immun zu sein. „Gerechtigkeit" erinnert uns daran, dass es zwei andere denkbare Ziele gibt, und dass, wenn sie vergessen werden, die Zeit gekommen ist, innezuhalten und nachzudenken. Aber die einzigartige und unersetzliche Rolle der Gerechtigkeit geht noch weiter: außer dass sie Richter, Beschneider und Korrektor aller anderen Werte ist – seien sie nun *en passant* angeeignet oder doch etwas dauerhafter – ist Gerechtigkeit auch der einzige Wert, der das gemeinsame Gute (das heißt, das aus jedermanns Gesichtspunkt Gute, das Gute der anderen) vor den Übergriffen egoistischer Selbstbegünstigung bewahrt. Gerechtigkeit ist ein Wert, der aller Solidarität zugrunde liegt und dadurch Gesellschaft möglich macht. „Gerechtigkeit" bereitet den gesellschaftlichen Lebensraum für ein friedliches und freundliches Zusammensein vor. Sie bietet einen Tisch – einen runden Tisch – für einen Polylog und für Verhandlungen, die vom Willen zur Verständigung geleitet sind. Gerechtigkeit ist der am meisten „sozialisierende" unter den Werten. Sie kann die rasendsten Konfrontationen auslösen, aber am Ende überbrückt und heilt sie die Trennungen; und wie wir von Simmel wissen, sind Meinungsverschiedenheiten der Königsweg zum Konsens. Ausschluss aus der menschlichen Familie und Zuweisung zum Abfall mögen manchmal ein Urteil der Vernunft sein – aber sie hätten niemals Bestand vor dem Gerichtshof der Gerechtigkeit [*court of justice*].

Der Nächste auf der Liste der obersten, ja definierenden Werte Europas ist „Demokratie". Als Wert mag Demokratie viele Moden hervorbringen und gestalten, wie die Verwaltung und Erledigung gemeinsamer menschlicher Angelegenheiten in Angriff zu nehmen ist – viele und verschiedene, manchmal äußerst verschiedene. Auf den ersten Blick scheint es mehr Unterschiede als Ähnlichkeiten zwischen der athenischen *agora* und dem *Reichstag* [deutsch i. O.] zu geben, ganz zu schweigen von den Versammlungen in Straßburg. Und trotzdem besteht hier eine Familienähnlichkeit, die es erlaubt, sie alle als Träger ein- und desselben Gensatzes anzusehen; als viele und verschiedene Versionen derselben Prinzipien, die von demselben Wert inspiriert sind.

Was ist dieses „Etwas", das sie alle eint? Es ist eine Eigenschaft, die Cornelius Castoriades als das entscheidende Merkmal einer „autonomen Gesellschaft"[2] hervorgehoben hat (im Gegensatz zu „heteronomen Gesellschaften", das heißt zu solchen, die „in ihren Institutionen eine Idee verkörpern, die von ihren Mitgliedern nicht in Frage gestellt werden darf: die Idee, dass ihre Institutionen nicht menschengemacht, nicht von Menschen geschaffen worden sind, zumindest nicht von Menschen, die in diesem Augenblick leben", und die deshalb von den Menschen, die im

Augenblick am Leben sind, auch nicht aufgelöst oder auch nur reformiert werden können – wie die Lieblingsentschuldigung der gegenwärtigen politischen Akteure: „Es gibt keine Alternative", glücklicherweise mit beschränkter Wirkung, geltend zu machen versucht).

Das Wesen einer autonomen Gesellschaft, das Bewusstsein, alle ihre Wege und Mittel beruhten einzig auf dem Willen ihrer lebenden Mitglieder, ist in der Präambel verkörpert, die die Athener allen Gesetzen voranschickten, die auf der *agora* beschlossen wurden: *„edoxe te boule kai to demo"*: „es ist dem Rat und dem Volk gut erschienen". Verschiedene entscheidende Annahmen sind in dieser knappen, aber alles sagenden Formel verdichtet: dass es etwas gibt, was gut genannt wird; dass als solches erkannt werden kann; dass die Wahl dieses Guten statt seiner Alternativen, die nicht so gut oder überhaupt nicht gut sind, der Zweck der öffentlichen Beratung ist, die einer Entscheidung vorangeht; dass Diskussion und Argument, die zur Entscheidung führen, der Weg sind, eine richtige Entscheidung zu treffen; und dass, wenn am Ende des Tages die Entscheidung getroffen ist, jeder der Beteiligten und Betroffenen sich erinnern muss, dass der Grund dafür, sie zu treffen, nicht mehr, aber auch nicht weniger war, als dass es dem Rat und dem Volk des Tages als gut erschienen war. „Es erschien gut": das heißt, dass selbst dann, wenn der Rat und das Volk sich Mühe gaben, im Licht ihres Wissens von dem, was gut ist, zu einer gemeinsamen Entscheidung zu kommen, dieses Wissen unvollständig oder geradezu irrig gewesen sein konnte. Die Debatte ist niemals beendet: Sie kann es nicht sein, damit die Demokratie nicht aufhört, demokratisch zu sein und die Gesellschaft ihrer Autonomie entblößt wird oder ihre Autonomie verwirkt. Demokratie bedeutet, dass die Aufgabe des Bürger niemals vollendet ist. Demokratie existiert durch die ausdauernde und unnachgiebige Sorge der Bürger. Sobald diese Sorge nachlässt, haucht die Demokratie ihr Leben aus.

Und deshalb gibt es keine Demokratie, keine autonome Gesellschaft, ohne autonome Bürger und kann es sie nicht geben – das heißt, ohne Bürger, die über individuelle Freiheit und individuelle Verantwortlichkeit dafür, wie diese ausgeübt wird, verfügen. Diese Freiheit ist ein weiterer Wert – obgleich undenkbar getrennt vom Wert der Demokratie. Demokratie beruht auf der Freiheit ihrer Bürger, und die Bürger gründen ihr Vertrauen, frei zu sein, und den Mut, frei zu sein, auf die Demokratie ihrer *polis*. Beide schaffen einander und werden im Prozess dieses Machens geschaffen.

Ich möchte behaupten, dass es die Kombination aller genannten Werte war, die Europa auf sein kontinuierliches, unbeendetes und hoffentlich unbeendbares Abenteuer geschickt hat. Mixe diese Werte zusammen – und du erhältst eine inhärent unstabile Mischung, die aller Wahrscheinlichkeit nach niemals fest wird, immer bereit, mit anderen Substanzen zu reagieren, sie zu absorbieren oder zu assimilieren; das ist wahrscheinlich die Qualität Europas, die die Theoretiker der „reflexiven Moderne" fassen und benennen wollten, obwohl sie es, wie die Eule der Minerva, erst taten, nachdem das fragliche Phänomen harte Zeiten durchlebt hatte und sich der echten Gefahr einer vorzeitigen Beendigung gegenübersah, als Europa seine jahrhundertelange Rolle als planetarischer Musterbildner verloren hatte.

Und wahrscheinlich veranlasste ebendies Lionel Jospin dazu, seine Hoffnungen auf Europa zu setzen: „wegen seiner nuancierten Inangriffnahme der gegenwärtigen Realitäten".[3] Europa hat gelernt – auf die harte Tour und zu einem enormen Preis, entrichtet in der Währung menschlichen Leidens –, „wie man über die historischen Antagonismen hinauskommt und Konflikte auf friedliche Weise löst" und wie man „ein großes Aufgebot an Kulturen" zusammenbringt und mit der Aussicht einer permanenten kulturellen Vielfalt lebt, die nicht bloß als zeitweiliges Reizmittel angesehen wird. Und man bemerke, dass der Rest der Welt genau solche Lektionen am meisten benötigt. Vor dem Hintergrund des konfliktgeplagten Planeten sieht Europa aus wie ein Laboratorium, in dem die Werkzeuge, die nötig sind, um Kants „allgemeine Vereinigung der Menschheit" zu konstruieren, ständig geplant werden, und wie eine Werkstatt, in der sie ständig „in Aktion getestet" werden, obgleich gegenwärtig nur bei der Erfüllung weniger ehrgeiziger, kleinformatiger Aufgaben. Die Werkzeuge, die gegenwärtig geschmiedet und einer Überprüfung innerhalb Europas unterzogen werden, dienen vor allem der delikaten Operation (für einige Beobachter zu delikat für mehr als eine faire Chance auf Erfolg), die Grundlagen der politischen Legitimität, des demokratischen Verfahrens sowie der Bereitschaft, Werte nach Art einer Gemeinschaft zu teilen, vom Prinzip der nationalen/territorialen Souveränität zu trennen, mit dem sie den größten Teil der modernen Geschichte über unentwirrbar verknüpft waren.

Im Nationalstaat war die Ehe von Macht und Politik *territorial* definiert und festgelegt; der langsame und gewundene Fortschritt eines internationalen *modus coexistendi* zielte darauf ab, jenes Prinzip zu unterstützen und zu bestärken – das schließlich zur Einrichtung der Vereinten Nationen führte, mit dem Auftrag, die territorial beschränkte Souveränität von Staaten vor Aggression und Eingriffen von außen zu schützen. Diese „im Himmel geschlossene Ehe" von Politik und Macht und ihr Familienhaushalt, der Nationalstaat, sind heute freilich gleichzeitig von außen und von innen ins Kreuzfeuer geraten. Für die entstehenden globalen Mächte sehen territoriale politischen Enklaven immer mehr wie „heruntergekommen Bezirke" [*rotten boroughs*] aus, die die Integration eines neuen, größeren Reichs hemmen, während das unteilbare Recht, über die Gesetze des Reiches zu entscheiden, an denen derartige nationalstaatliche Enklaven verbissen festhalten, sich zunehmend so ähnlich anfühlt wie die ökonomisch sinnlosen und kontraproduktiven lokalen Einschränkungen (städtisch, parochial, auf der Basis von

Grundbesitz), gegen die lärmende und kraftstrotzende Unternehmer zweihundert Jahren zuvor rebelliert hatten, als sie ihre Augen auf größere (am besten nationale) Spielplätze richteten.

Die im Entstehen begriffene Europäische Föderation sieht sich nun der Aufgabe gegenüber, die Leistung zu wiederholen, die vom Nationalstaat der frühen Moderne vollbracht worden ist: der Aufgabe, Macht und Politik wieder zusammenzubringen, die gegenwärtig getrennt sind und in entgegengesetzte Richtungen steuern. Die Straße, die zu einer Umsetzung der Aufgabe führt, ist jetzt genauso steinig, wie sie es damals war, voller Fallen und unkalkulierbarer Risiken. Und am schlimmsten: Sie ist noch auf keiner Karte verzeichnet, und jeder weitere Schritt scheint wie ein Sprung ins Unbekannte.

Viele Beobachter bezweifeln die Weisheit dieses Unternehmens und geben ihm nur geringe Erfolgschancen. Die Skeptiker glauben nicht an die Lebensfähigkeit einer „postnationalen" Demokratie oder überhaupt jeglichen demokratischen politischen Gebildes oberhalb der Ebene der Nation. Sie bestehen darauf, Loyalität gegen bürgerliche und politische Normen ersetze keine „ethnisch-kulturellen Bindungen"[4] und Staatsbürgerschaft auf einer rein „zivilisatorischen" (legal-politischen) Basis funktioniere nicht ohne den Beistand von „Eros" (die emotionale Dimension) – während sie zugleich annehmen, „ethno-kulturelle Bindungen" und „Eros" seien unentwirrbar mit dem Gefühl der Schicksalsgemeinschaft verknüpft, das in der Geschichte unter dem Namen Nationalismus lief: Treue zu den Normen könne nur innerhalb dieser Verbindung Wurzeln schlagen und wachsen und auf keinem anderen Weg neu erbaut oder neu etabliert werden. Die Möglichkeit, dass die nationale Legitimation der Staatsmacht nur eine historisch begrenzte Episode gewesen ist, eine von vielen alternativen Formen der Wiedervereinigung von Politik und Macht, oder dass die moderne Verschmelzung von Staatlichkeit und Nationalität mehr die Symptome einer Zweckehe trug als die eines Verdikts der Vorsehung oder einer historischen Unausweichlichkeit oder dass die Ehe selbst kein unvermeidlicher Schluss ist und, wenn einmal arrangiert, so stürmisch sein kann, wie die meisten Scheidungsverfahren zu sein pflegen (wie die Erfahrung der postkolonialen und post-imperialen künstlichen politischen Gebilde lebhaft illustriert), wird auf diese Weise durch das einfache Hilfsmittel einer *petitio principii* als erledigt angesehen.

Jürgen Habermas ist wohl der konsequenteste und anerkannteste Sprecher für den solcher Skepsis entgegengesetzten Gesichtspunkt. „Die demokratische Ordnung ist nicht von Haus aus auf eine mentale Verwurzelung in der 'Nation' als einer vorpolitischen Schicksalsgemeinschaft angewiesen. Es ist die Stärke des demokratischen Verfassungsstaates, Lücken der sozialen Integration durch die politische Partizipation seiner Bürger schließen zu können."[5] Das ist wahr, aber die Streitfrage reicht weiter: Die „Nation", wie jeder Fürsprecher der „nationalen Idee" gewiss einräumen würde, ist ohne einen Staat, der sie schützt (ja ihre fortdauernde Identität sichert), so verletzlich und zerbrechlich, wie es der Staat ohne Nation ist, die seine Forderungen legitimiert. Moderne Nationen und moderne Staaten sind die Zwillingsprodukte derselben historischen Konstellation. Das Eine kann dem anderen nur kurzfristig „vorausgehen", indem es versucht, dieses „kurzfristig" so kurz wie möglich zu halten und es mit der Anstrengung zu füllen, die Priorität durch Gleichzeitigkeit zu ersetzen und ein Gleichheitszeichen zwischen die sichtlich autonomen Partner zu setzen. Dem französischen Staat „gingen" Savoyarden und Bretonen „voraus", nicht das französische Volk; dem deutschen Staat Bayern und Preußen, nicht Deutsche. Savoyarden und Bretonen hätten sich kaum in Franzosen verwandelt und Bayern und Preußen in Deutsche, wäre ihre Reinkarnation nicht von der „Macht" des französischen bzw. deutschen Staates „gestützt" worden.

In allen praktischen Hinsichten sind moderne Nationen und moderne Staaten gleichermaßen im Verlauf gleichzeitiger und eng verbundener Prozesse von Nation- und Staatsbildung entstanden: alles andere als wolkenlose Prozesse und ohne jeglichen garantierten Erfolg. Die Behauptung, ein politischer Rahmen könne ohne einen schon vorhandenen lebensfähigen ethno-kulturellen Organismus nicht etabliert werden, ist weder mehr noch weniger überzeugend als die Behauptung, wahrscheinlich könne kein ethno-kultureller Organismus ohne einen funktionierenden und ausbaufähigen Rahmen entstehen und lebensfähig bleiben. Ein klassisches Henne und Ei-Dilemma.

Habermas' umfassende und bohrende Analyse weist in eine ganz ähnliche Richtung:

> Gerade die artifiziellen Entstehungsbedingungen des nationalen Bewusstseins sprechen jedoch gegen die defaitistische Annahme, dass sich eine staatsbürgerliche Solidarität unter Fremden nur in den Grenzen einer Nation herstellen kann. Wenn sich diese Form der kollektiven Identität einem folgenreichen Abstraktionsschub vom lokalen und dynastischen zum nationalen und demokratischen Bewusstsein verdankt, warum sollte sich ein solcher Lernprozess nicht fortsetzen können?[6]

Eine gemeinsame Nationalität ist keine *notwendige* Bedingung der Legitimität der Staatsautorität, wenn der Staat eine wirklich demokratische Körperschaft ist. „Die Bürger eines demokratischen Rechtsstaates verstehen sich als die Autoren der Gesetze, denen sie als Adressaten zu Gehorsam verpflichtet sind."[7] Wir können sagen, dass Nationalismus die Legitimationslücke füllt, die die demokratische Teilnahme der Bürger hinterlassen hat (oder gar nicht erst gefüllt hatte). In *Abwesenheit* solcher Teilhabe sind die Anrufung nationalistischer Gefühle und Anstrengungen, sie zu kräftigen, die einzige Zuflucht des Staates. Der Staat muss seine

Autorität nur dann auf die Bereitschaft seiner Untertanen, für das Land zu sterben, stützen, falls und wenn das Land seine Einwohner einzig für ihre Bereitschaft, ihr Leben zu opfern, zu benötigen scheint und sehr gut ohne ihren Beitrag zum tagtäglichen Betreiben seiner Angelegenheiten auskommen kann.

Die Gegner des „europäischen Projekts" weisen die Hoffnung auf eine supranationale „europäische Identität" ab, indem sie fragen: „Wer möchte schon für Javier Solana sterben?" (oder auch für Romano Prodi). Sie hüten sich zu fragen, wie viele Menschen bereit wären, ihr Leben für Jacques Chirac, Gerhard Schröder, Tony Blair, George oder George W. Bush oder selbst für Jean-Marie Le Pen zu lassen. Denn diese Frage würde ihrer Absicht im Wege stehen, wie sie auch die Nichtigkeit ihres Arguments enthüllen würde, weil sie deutlich machte, wie überholt und irrelevant ihre erste Frage für die Aussicht der europäischen Einheit war.

Der „heroische Patriotismus", auf den sich jene erste Frage bezieht und den sie stillschweigend als einen immer noch plausiblen Vorschlag unterstellt, ist deutlich *passé*; er ist weder im Angebot noch besteht eine Nachfrage danach. Wie wenig er in die gegenwärtige Lage Europas passt, zeigt sich darin, dass wir (Menschen, die auf einem Kontinent geboren und aufgewachsen sind, der mit den Gräbern „unbekannter Soldaten" und Monumenten zum Ruhme anderer Märtyrer, die ihr Leben für König und Vaterland gegeben haben, übersät ist) außerstande sind, die Motive zu verstehen, geschweige denn zu billigen, die junge, oft gebildete Männer und Frauen aus anderen Teilen der Welt dazu veranlassen können, sich in Selbstmordattentäter zu verwandeln, indem sie ihr Leben „für die Sache" geben. Verblüfft versuchen wir ihr Verhalten in einer Weise zu verstehen, die besser zu unseren eigenen Gedanken und Gefühlen passt: durch die posthumen Konsumentenfreuden, die die Agenten exotischer religiöser Glaubensbekenntnisse trügerisch versprechen. Eine derartige

Erklärung klingt für uns viel glaubwürdiger, als sein Leben für Gott oder die Nation hinzugeben.

Genau wie die protestantische Ethik die Rolle des „verschwindenden Vermittlers" für den im Entstehen begriffenen modernen Kapitalismus spielte und ihre Funktion und Macht verlor, sobald ihre Aufgabe getan war und sie nicht länger von einem auf sich selbst vertrauenden Kapitalismus benötigt wurde, half der „heroische Patriotismus" bei der Geburt und Reifung des modernen Nationalstaates und welkte und schwand dahin, sobald einmal dieser Staat weniger belastende Wege für seinen Fortbestand fand, als die Emotionen der Volksmassen zu stärken. Die Neigung, bei den Strategien des letzten siegreichen Krieges seine Zuflucht zu suchen, ist eine Schwäche, die Politiker mit Generälen teilen; aber ob eine Wiederholung der machtgestützten „spirituellen Mobilisierung" der Nation-und-Staat-erbauenden Ära eine notwendige Bedingung dafür ist, Loyalitäten auf die kontinentale Ebene zu heben, ist eine offene Frage und keineswegs ein sicherer Schluss. Die Europäische Union wird und kann keine vergrößerte Kopie eines Nationalstaates sein, genau wie Nationalstaaten keine größeren Versionen von Landgütern, Kirchspielen oder selbstverwalteten Städten waren und sein konnten. Jeder, der die Bereitschaft, für Javier Solana zu sterben, als Test für die Machbarkeit und Lebensfähigkeit der Europäischen Union ansieht, verwechselt das Endprodukt eines langen Nationenbildungsprozesses mit einer Vorbedingung aller sozialen Integration auf einer höheren Ebene.

Die Gefühle einer geteilten Zugehörigkeit und einer wechselseitigen Verantwortlichkeit für die gemeinsame Zukunft, die Bereitschaft, sich um das gegenseitige Wohlergehen zu kümmern und freundschaftliche und dauerhafte Lösungen für sporadisch aufflammende Konflikte zu finden – all diese Eigenschaften des gemeinsamen Lebens, die einen großen Teil der modernen Ära über in der Idee der Nationalität zusammengefasst waren –, brauchen *notwendig* einen institutionellen Rahmen der Meinungs- und Willensbildung, der gegenwärtig in der Idee eines demokratisch verfassten souveränen Staates komprimiert ist. Die Europäische Union zielt, wie langsam und zögerlich auch immer, auf eine rudimentäre (oder embryonale – die Zukunft wird entscheiden, welcher von den beiden Begriffen besser passt) Form eines solchen Staates, wobei das störendste Hindernis auf ihrem Weg die bestehenden Nationalstaaten sind und deren Widerwille, sich von dem zu trennen, was von ihrer einst voll entfalteten Souveränität noch übrig ist. Die gegenwärtige Richtung lässt sich nur schwer eindeutig vorzeichnen, und ihre zukünftigen Drehungen und Wendungen sind noch schwerer vorauszusagen (ganz abgesehen davon, dass es unverantwortlich und unklug wäre). Der gegenwärtige Impuls wird von zwei verschiedenen (vielleicht komplementären, aber schließlich vielleicht unvereinbaren) Logiken bestimmt – und es ist unmöglich, die Geschichte vorweg zu nehmen und zu entscheiden, welche davon sich letztlich durchsetzen wird. Die eine ist die *Logik des lokalen Beschränkung [retrenchment]*; die andere ist die *Logik der globalen Verantwortung und globalen Bestrebung*.

Die erste Logik ist die Logik der quantitativen Erweiterung der Territorium-und Ressource- Basis für die *Standortkonkurrenz*-Strategie. Selbst wenn von den Gründern des Gemeinsamen Europäischen Marktes und ihren Nachfolgern niemals Versuche gemacht worden wären, die Ökonomien von ihrer relativ hinderlichen Beschränkung im Rahmen der *Nationalökonomie* [deutsch i. O.] zu befreien, würde der „Befreiungskampf", der gegenwärtig von Kapital, Finanz- und Handelsunternehmen gegen „lokale Einschränkungen" geführt wird – ein Krieg, der nicht durch lokale Interessen, sondern durch globale Abweichungen ausgelöst und intensiviert worden ist –, auf jeden Fall geführt werden und unvermindert weitergehen. Die Rolle der europäischen Institutionen besteht *nicht* darin, die Souveränität der Mitgliedsstaaten zu unterminieren, und insbesondere nicht darin, die ökonomische Aktivität ihrer Kontrolle und (einschränkenden) Eingriffen zu entziehen; kurzum: nicht in der Erleichterung, geschweige denn Initiierung der Scheidungsprozedur von Macht und Politik. Zu diesem Zweck sind die Dienste der europäischen Institutionen kaum erforderlich. Ihre Funktion besteht im Gegenteil darin, *sich gegen die Flut zu stemmen*; die Kapitalwerte festzuhalten, die aus den Käfigen des Nationalstaates innerhalb des kontinentalen Geheges entkommen sind, und sie dort festzuhalten. Wenn die wirksame Einschließung von Kapital, Finanz-, Waren- und Arbeitsmärkten und der Zahlungsbilanzausgleich innerhalb eines einzelnen Nationalstaates angesichts der steigenden Macht des globalen Kapitals zu immer entmutigenderen Aufgaben werden, werden dann die vereinigten Mächte der Nationalstaaten – vielleicht einzelner oder aller zusammen – imstande sein, ihnen auf gleicher Höhe und unter eher gleichen Bedingungen zu begegnen? Mit anderen Worten, die Logik der lokalen Beschränkung ist die Logik der Rekonstruktion des legal-institutionellen Gewebes, das – in der Vergangenheit, aber nicht mehr jetzt – die „Nationalökonomie" in den Grenzen der territorialen Souveränität des Nationalstaates zusammengehalten hatte, auf Unionsebene. Aber, wie Habermas sich ausdrückt, „die Schaffung größerer politischer Einheiten ändert ... nichts am Modus der Standortkonkurrenz als solcher".[8] Aus planetarischer Perspektive ist die gemeinsame Strategie einer kontinentalen Kombination von Staaten kaum unterscheidbar von den Verhaltenskodizes einzelner Nationalstaaten, die sie ersetzen sollte. Sie wird immer noch von der Logik der Teilung, Trennung und Einschließung gelenkt – von der Suche nach territorialen Ausnahmen von allgemeinen Regeln und Trends, lokalen Lösungen für global erzeugte Probleme.

Andererseits zielte die Logik der globalen Verantwortung (und, sobald diese Verantwortung einmal anerkannt und übernommen worden ist, der globalen Bestrebung), zumindest im Prinzip, darauf, global erzeugte Probleme direkt anzugehen – auf ihrer eigenen Ebene. Sie beruht auf der Annahme, dass dauerhafte und wahrhaft effektive Lösungen für planetenweite Probleme nur auf dem Weg über eine Neuverhandlung und Reform des Gewebes globaler Interdependenzen und Interaktionen gefunden werden und auch nur funktionieren können. Statt auf den jeweils geringsten Schaden und höchsten lokalen Nutzen zu zielen, der aus den launischen und risikoreichen Strömungen der globalen ökonomischen Kräfte abgeleitet werden kann, zieht sie eine neue Art von globaler Inszenierung vor, in der die Pfade der ökonomischen Initiativen irgendwo auf dem Planeten nicht mehr launisch sind und allein von momentanen Gewinnen geleitet werden, ohne dass den Nebenwirkungen und „Kollateralschäden" Aufmerksamkeit geschenkt und den sozialen Dimensionen von Kosten und Auswirkungen irgendeine Wichtigkeit beigemessen würde. Kurzum: Diese Logik zielt, um noch einmal Habermas zu zitieren, auf die Entwicklung einer „Politik, die mit den globalen Märkten nachwachsen soll".[9]

Anders als die Logik der lokalen Beschränkung, die meist nur die stets gleichen Melodien der *raison-d'état*-Philosophie wiederholt, die in der Ära des Nationalstaats universell (oder doch beinahe universell) herrschend war, geleitet uns die Logik globaler Verantwortung und Bestrebungen auf unbekanntes Territorium und eröffnet uns eine Ära des politischen Experimentierens. Sie verwirft die Straße der lokalen Verteidigung gegen planetarische Trends als eine bekannte Sackgasse; sie nimmt davon Abstand (aus Notwendigkeit, wenn nicht aus Gewissensgründen), auf die orthodoxe europäische Strategie zurückzufallen, den planetarischen Raum als „Hinterland" zu behandeln, wo Probleme, die zu Hause produziert, aber noch nicht so weit sind, zu Hause gelöst zu werden, abgeladen werden können. Sie akzeptiert, dass es äußerst witzlos wäre, der ersten Option mit einer realistischen Hoffnung auf selbst ein bescheidenes Maß an Erfolg zu folgen; wogegen Europa – das seine globale Herrschaft verloren hat und stattdessen im Schatten eines neuen planetarischen Imperiums lebt, das es bestenfalls einzuschränken und zu besänftigen, aber kaum zu kontrollieren vermag – nicht in der Position ist, der zweiten Option zu folgen, wie erfolgreich auch immer dieser Kurs in der Vergangenheit gewesen sein mag und wie verführerisch er auch immer noch zu sein scheint.

Und so müssen wohl oder übel neue unerforschte Strategien und Taktiken gesucht und versucht werden, ohne die Möglichkeit, den letztlichen Erfolg verlässlich zu berechnen, geschweige denn sicherzustellen. „Die auf europäischer Ebene bestehenden Koordinationsprobleme", warnt Habermas, „verschärfen sich auf globaler Ebene noch einmal." Denn „während die staatsbürgerliche Solidarität in einer jeweils besonderen kollektiven Identität wurzelt, muss sich die weltbürgerliche Solidarität auf den in den Menschenrechten ausgedrückten moralischen Universalismus allein stützen". „Der politischen Kultur der Weltgesellschaft fehlt die gemeinsame ethisch-politische Dimension, die für eine entsprechende globale Vergemeinschaftung und Identitätsbildung nötig wäre."[10]

Ein echter „Catch 22"*: Die Gemeinschaft, die die Grundlage einer gemeinsamen ethischen Sensibilität bilden und politische Koordination ermöglichen könnte und so die notwendige Bedingung für das Werden und Wachsen einer supranationalen und suprakontinentalen (ja, suprazivilisatorischen) Solidarität darstellt, ist genau deshalb schwer zu erreichen, weil die „ethisch-politische Dimension" bislang fehlt und aller Wahrscheinlichkeit nach auch weiterhin fehlen wird oder kurz vor dem, was benötigt wird, haltmacht,

---

* [A. d. Ü.: Anspielung auf den gleichnamigen Roman von J. Heller (1961), in dem Situationen von absurder Logik geschildert werden.]

solange die Gemeinschaft unvollständig ist. Was Europa jetzt vor sich sieht, ist die Aussicht, allmählich und *gleichzeitig* und möglicherweise durch eine lange Reihe von Versuchen und Irrtümern hindurch seine Ziele *und* die Werkzeuge zu entwickeln, die geeignet sind, sie in Angriff zu nehmen und zu lösen (Jacques Delors nannte das heutige Europa ein „UPO", ein unidentifiziertes politisches Objekt ...). Um die Aufgabe noch entmutigender zu machen, ist das letzte Ziel all dieser Arbeit, eine effektive planetarische Politik, die auf einem kontinuierlichen Polylog beruht statt auf einer planetarischen Regierung, gleichermaßen ohne Vorgänger. Nur historische Praxis kann seine Machbarkeit beweisen (niemals widerlegen); oder genauer: kann sie machbar *machen*.

Wir fühlen, raten, vermuten, was getan werden muss. Aber wir können nicht wissen, in welcher Gestalt oder Form es schließlich geschehen wird. Wir können aber ziemlich sicher sein, dass uns diese Form nicht vertraut sein wird – sie wird sich von allem unterscheiden, woran wir gewöhnt sind. Die politischen Institutionen, die uns jetzt zur Verfügung stehen, waren nach dem Maß der territorialen Souveränität des Nationalstaates geschneidert: Sie lassen sich nicht strecken, und die politischen Institutionen, die der Selbstkonstituierung der planetenweiten menschlichen Gemeinschaft dienen werden, können nicht „dasselbe, nur größer" sein. Wir mögen wohl das Gefühl haben, der Übergang von „internationalen" Behörden und Handlungswerkzeugen zu „universalen" Institutionen für die gesamte Menschheit müsse eine qualitative, nicht lediglich quantitative Veränderung sein. Und folglich werden wir überlegen und uns Sorgen machen, ob die Rahmen der „Globalpolitik", die gegenwärtig verfügbar sind, die Praktiken der entstehenden globalen Politie unterbringen können (ja, als Brutkasten dafür dienen können). Was etwa ist mit den Vereinten Nationen – bei ihrer Geburt mit dem Auftrag versehen, über die ungeteilte Souveränität des Staates über sein Territorium zu wachen und sie zu verteidigen? Was ist mit der bindenden Kraft von globalen Gesetzen – kann es von der (widerruflichen!) Zustimmung eines souveränen Mitglieds abhängen, dass ihnen Folge geleistet wird?

Um die Logik der schicksalhaften Abweichungen im europäischen Denken des 17. Jahrhunderts zu fassen, entfaltete Reinhart Koselleck die Trope des „Bergsattel". Es ist tatsächlich eine doppelt glückliche Metapher, einmal für uns, die wir darum kämpfen, die Windungen und Drehungen zu antizipieren, die das 21. Jahrhundert in seinem Verlauf unvermeidlich bringen wird, zum anderen für zukünftige Historiker, wenn sie ihre Darstellungen niederschreiben und es retrospektiv definieren.

Wie unsere Vorfahren vor dreihundert Jahren befinden wir uns auf dem ansteigenden Hang eines Bergpasses, den wir nie zuvor bestiegen haben, und haben infolgedessen keine Ahnung, welche Art von Ausblick sich uns eröffnen wird, sobald wir den Gipfel erreicht haben. Wir sind nicht sicher, wohin uns die sich windende Passstraße führen wird; aber wir sind sicher, dass wir uns hier, auf einem steil ansteigenden Pfad, nicht niederlassen und ausruhen können. Und so bewegen wir uns weiter, „weil": weil wir nicht lange still stehen können. Nur wenn (falls) wir die Spitze des Passes erreichen und die Landschaft auf der anderen Seite überblicken können, wird die Zeit kommen, sich zu bewegen, „damit"; eher gezogen als gestoßen und nach vorn gezogen von Visionen, Absichten und gewählten Zielen.

Im Augenblick kann über diesen quälend weit entfernten Zeitpunkt nur wenig gesagt werden außer dass er (hoffentlich) erreicht wird; das heißt, wenn noch genügend Kletterer übrig bleiben, um herauszufinden, dass er erreicht ist, und das dann auch zu sagen. Ich habe dies Koselleck gegenüber angedeutet und auf die Seltenheit von prophetischen Talenten und die notorischen Schwächen wissenschaftlicher Voraussagen verwiesen. In seiner Antwort fügte Koselleck freilich ein Argument hinzu, das von größerem Gewicht war:

Wir haben noch nicht einmal die Begriffe, in die wir unsere Antizipation fassen können. Solche Begriffe werden geformt in der Praxis des Kletterns und nicht einen Augenblick früher. Über die andere Seite des Bergpasses sollten vorsichtige Kletterer lieber schweigen.

Das bedeutet nicht, dass die Kletterer aufhören sollten weiterzugehen. Und im Fall der Europäer, die für ihre Abenteuerliebe und Experimentierfreudigkeit bekannt sind, ist es unwahrscheinlich, dass sie es tun werden. Es wird eine Notwendigkeit für viele sachliche Entscheidungen geben, die alle unter Bedingungen streng begrenzten Wissens getroffen werden (ebendas ist es, was ein Abenteuer von Routine und Handeln auf Befehl unterscheidet). Die Gewinnchancen sind entmutigend gering, aber es gibt auch Hoffnungen, die alles andere als leer, sondern fest im täglichen Leben der Europäer verwurzelt sind und vor allem in Momenten der Krise schrecklich deutlich werden.

In einem Gespräch, das im Mai 2003 stattfand, nannten Jürgen Habermas und Jacques Derrida den 15. Februar 2002 einen „zweiten 4. Juli", aber diesmal auf einer gesamteuropäischen Skala: der Tag, an dem „ein echtes gemeinsames europäisches Gewissen" geboren wurde.[11] An jenem Tag gingen Millionen Europäer auf die Straßen von Rom, Madrid, Paris, Berlin, London und anderer europäischer Hauptstädte, um ihre einhellige Verurteilung der eben bevorstanden Invasion in den Irak zu demonstrieren – und damit indirekt ihre gemeinsame historische Erinnerung an vergangene Leiden und ihren gemeinsamen Abscheu gegenüber Gewalt und Gräueltaten zu zeigen, die im Namen nationaler Rivalitäten begangen wurden.

Madeleine Bunting dankt Spanien dafür, uns nach den terroristischen Bombenanschlägen in Madrid und der Entscheidung der neuen Regierung, die spanischen Soldaten aus dem Irak abzuziehen, „eine Wahl gegeben zu haben" – eine Wahl zwischen Politikern, die bestenfalls wissen, wie man den Erschreckten und Verwirrten „zornige Rache" und weiteres Blutvergießen verspricht, und „der spanischen Frau, die sagte, sie habe keinen Hass gefühlt, nur Trauer".[12] Die Politiker, sagt Bunting, „täten gut daran, zuzuhören und eher zu zeigen, dass sie zivilisiert sind, als eiligst die schäbige und sinnlose Metapher von einem „Krieg gegen den Terror" zu gebrauchen ... Man kann Feuer nicht mit Feuer bekämpfen, das war die implizite Botschaft der schweigenden Menge" auf den Straßen in Spaniens Städten.

Wir haben die Wahl zwischen einer Verwandlung unserer Städte in Stätten des Terrors, „wo man dem Fremden mit Furcht und Misstrauen begegnet", und dem Festhalten an ihrem Erbe, dem zivilen Umgang unter den Bürgern und „der Solidarität mit Fremden", einer Solidarität, die dadurch gestärkt wird, dass sie siegreich aus der härtesten aller Prüfungen hervorgeht.

Die Logik der globalen Verantwortung/Bestrebung mag, wenn sie angenommen und ihr der Vorzug vor der Logik der lokalen Beschränkung gegeben wird, helfen, Europa auf das Abenteuer vorzubereiten, das ihm bevorsteht, ein Abenteuer, das vielleicht größer ist als alle seine früheren. Trotz der entmutigend geringen Chancen könnte es Europa einmal mehr die Rolle eines globalen Vorbilds spielen lassen; es könnte Europa befähigen, seine Werte und die politische/ethische Erfahrung einer demokratischen Selbstregierung zu entfalten, um dazu beizutragen, eine Ansammlung von territorial beschränkten Gebilden, die in ein Null-Summen-Überlebens-Spiel verwickelt sind, durch eine umfassende, universale humane Gemeinschaft zu ersetzen. Nur mit der Verwirklichung einer solchen Gemeinschaft ist Europas Auftrag erfüllt. Nur innerhalb einer solchen Gemeinschaft können die Werte, die Europas Ambitionen und Ziele erhellen, wirklich sicher sein.

Was vor uns liegt, ist von Franz Kafka[13] prophetisch in Worte gefasst worden, als Vorahnung, als Warnung und als Ermutigung:

Findest du also nichts hier auf den Gängen, öffne die Türen, findest du nichts hinter diesen Türen, gibt es neue Stockwerke, findest du oben nichts, es ist keine Not, schwinge dich neue Treppen hinauf. Solange du nicht zu steigen aufhörst, hören die Stufen nicht auf, unter deinen steigenden Füßen wachsen sie aufwärts.

ANMERKUNGEN

Kapitel 1

[1] Denis de Rougemont, „L'aventure mondiale des Européens" (1962), in *Écrits sur l'Europe*, Éditions de la Différence, Paris 1994.

[2] Zitiert nach Cees Nooteboom, *L'Enlèvement d'Europe*, Calmann-Levy, Paris 1994.

[3] Alex Warleigh, *Democracy in the European Union: Theory, Practice and Reform*, Sage, London 2003. Siehe auch V. Goddard. J. Llobera und C. Shore (Hg.), *The Anthropology of European Identity and Boundaries in Conflict*, Berg, Oxford 1994; und Norman Davies, *Europe: A History*, Pimlico, London 1997.

[4] Hans-Georg Gadamer, *Das Erbe Europas*, Frankfurt am Main 1989, S. 30 f.

[5] Siehe Krzystof Pomian, „Europe et ses frontières", in: *L'Europe retrouvée* Éditions de la Baconière, Neuchâtel 1992.

[6] Siehe Denis de Rougemont, „L'aventure mondiale des Européens" (wie Anm. 1).

[7] Siehe Gøran Therborn, „Entangled modernities", in: *European Journal of Social Theory* (Aug. 2003).

[8] Siehe Eduardo Lourenço, „De l'Europe comme culture" in: *L'Europe introuvable*, Éditions Métailié, Paris 1991.

[9] Michel de Montaigne, *Über die Menschenfresser*, in: *Essais* I-III, übers. von H. Stilett, Frankfurt am Main 1998, Bd. I, S. 318.

[10] Siehe Wolf Lepenies, „Koniec wieku Europy?" (Das Ende des europäischen Zeitalters?), in: *Europa Wschodu i Zachodu*, Poznań 1998.

[11] Naomi Klein, „Fortress continents", in: *Guardian*,

16. Jan. 2003, S. 23, zuerst veröffentlicht in: *Nation*.

[12] Jelle van Buuren, „Les tentacules du système Schengen", in: *Obsessions sécurités*, Ausgabe von Manière des voir 71 (2003), S. 24-26.

[13] Zitiert nach Alan Travis, „Tough asylum policy 'hits genuine refugees'", *Guardian*, 29. Aug. 2003, S. 11.

[14] Couze Venn, „World dis/order: on some fundamental questions", in: *Theory, Culture, Society*, (Aug, 2002), S. 121-136.

[15] Antonia Juhasz, „Capitalism gone wild", in: *Tikkun* 1 (2004), S. 19-22.

[16] Naomi Klein, „America is not a Hamburger", in: *Los Angeles Times* 10. März 2002; wieder abgedr. in dies., *Fences and Windows*, Flamingo, London 2002.

[17] Siehe Naomi Klein, *No Logo*, München 2005.

[18] Siehe Klein, *Fences and Windows* (wie Anm. 16).

[19] Siehe Ryszard Kapuściński, *Lapdarium* V, Warschau 2002.

[20] Siehe Sheldon Rampton und Sohn Stauber, „Trading on fear", in: *Guardian Weekend*, 12. Juli 2003.

[21] Joseph Stiglitz, „Trade imbalances", in: *Guardian*, 15. Aug. 2003.

[22] Siehe „L'ampleur des désaccords Nord-Sud met l'OMC en échec", in: *Le Monde*, 16. Sept. 2003, S. 2.

[23] Siehe s.v. „Charta der europäischen Identität" im Internet.

[24] Siehe Jürgen Habermas, *Die postnationale Konstellation*, Frankfurt am Main 1998, S. 124 und 154.

[25] Vladislav Inozemtsev und Ekaterina Kuznetsova, „European values and American Interests", in: *International Affairs* 3 (2003), S. 59-69.

[26] Will Hutton, *The World We Are In*, Little, Brown, London 2002, S. 370.

[27] Ulrich K. Preuss, „The Iraq war: critical reflections from 'Old Europe'", in: *Constellations* 3, (2003), S. 339-351.

[28] Robert Kagan, „Power and weakness", in: *Policy Review* (Juni/Juli 2002).

[29] Étienne Balibar, „Europe: vanishing mediator", in: *Konstellations* 3 (2003), S. 312-338.
[30] Eugen Weber, „The myth of the nation-state and the creation of the 'other'", in: *Critical Review* 3-4 (2003), S. 387-402.
[31] Robert Fine, „Taking the 'ism' out of cosmopolitanism", in: *European Journal of Social Theory* 6, (2003), S. 451-470.
[32] Siehe Richard Rorty, „Globalisation, the politics of identity and social hope", in: ders., *Philosophy and Social Hope*, Penguin, Harmondsworth 1999.
[33] George Monbiot, „With eyes wide shut", in: *Guardian*, 12. Aug. 2003.
[34] Siehe Zygmunt Bauman *In Search of Politics*, Polity, Cambridge, 1999, und *Society under Siege*, Polity, Cambridge 2002.

Kapitel 2

[1] Zbigniew Brzezinski, *The Grand Chessboard. American Primacy and its Geostrategic Imperatives*, Basic Books, New York 1997, S. 24.
[2] Henry Kissinger, *Does America Need a Foreign Policy? Toward a Diplomacy for the Twenty-First Century* (Simon and Schuster, New York 2001, S. 17.
[3] Joseph S. Nye Jr., *The Paradox of American Power*, Oxford University Press, Oxford 2002, S. 1.
[4] Robert Kagan, *Of Paradise and Power: America and Europe in the New World Order*, Knopf, New York 2003, S. 26.
[5] Michael Mann, *Incoherent Empire*, Verso, London 2003, S. 13.
[6] Ebd., S. 18.
[7] Michael Ignatieff, „The burden", in: *New York Times Magazine*, 5. Jan. 2002.
[8] Tzvetan Todorov, *Le nouveau désordre mondiale*, Robert Laffont, Paris 2003, S. 18.
[9] Ebd., S. 20
[10] David Harvey, *The New Imperialism*, Oxford University Press, Oxford 2003, S.23-25.

[11] Siehe John Pilger, „What good friends left behind",
in: *Guardian Weekend*, 20. Sept. 2003, S. 43-49.
[12] Benjamin R. Barber, *Fear's Empire: War, Terrorism, and Democracy*, W.W. Norton, New York 2003, S. 17.
[13] Jürgen Habermas, *Die postnationale Konstellation*, (wie Kap. 1, Anm. 24), S. 122 und 195.
[14] Polly Toynbee, „The real reason why we should fear immigration", in: *Guardian*, 11. Febr. 2004, S. 20.
[15] R. Rorty, „Globalization, the politics of identity and social hope" in: ders.: *Philosophy and social hope*, Harmondsworth 1999, S. 233.
[16] Richard Rorty, „Back to class politics", in: ders.: *Philosophy and social hope*, Harmondsworth 1999, S. 258.
[17] Siehe Eric Leser, „L'amertume des cols bleus", in: *Le Monde*, 16. Jan. 2004, S. 15.
[18] Nach den Daten, die von A. Krueger („Economic scene", in: *New York Times*, 3. Apr. 2003) und J. Madrick („The Iraqi time bomb", in: *New York Times*, 6. Apr. 2003) gesammelt worden sind. Siehe Harvey, *The New Imperialism* (wie Anm. 10), S. 206.
[19] In der *State of the Union* Address vom 28. Jan. 2003.
[20] Barber, *Fear's Empire* (wie Anm. 12), S. 37.
[21] Zitiert nach Mark Seddon, „Bush and Blair promised justice in Iraq. Another lie", in: *Guardian*, 30. Juni 2003, S. 16.
[22] In einem Band mit von Giovanna Borradori geführten Interviews, hier zitiert nach dem Nachdruck in *Le Monde diplomatique*, Feb. 2004, S. 16: „Qui est-ce que le terrorism?".
[23] Jürgen Habermas, Fundamentalismus und Terror, in: *Der gespaltene Westen*, Frankfurt am Main 2004, S. 22.
[24] Barber, *Fear's Empire* (wie Anm. 12), S. 30.
[25] Ebd., S. 21.
[26] Harvey, *The New Imperialism* (wie Anm. 10), S. 141 f.
[27] Ebd., S. 150 f.
[28] R. Wade und F. Veneroso, „The Asian crisis: the high debt model versus the Wall Street-Treasury-IMF complex",

in: *New Left Review* 288 (1998), S. 3-23.
29 Kagan, „Power and weakness" (siehe Kap. 1, Fußnote 28).
30 Étienne Balibar, *Europe* (siehe Kap. 1, Fußnote 29).
31 Harvey, *The New Imperialism* (wie in Anm. 10), S. 16-17.
32 Ich habe einen Überblick über solche Faktoren gegeben in meinem Buch *Work, Consumerism and the New Poor*, Open University Press, Buckingham 1998; 2. Auflage 2004.
33 Allyson Pollock, „Selling off by stealth is here to stay", in: *Guardian*, 11. Febr. 2004, S. 20.
34 Habermas, *Die postnationale Konstellation*, (wie Kap. 1, Anm. 24), S. 168 f.
35 Ulrich Beck, *Risikogesellschaft. Auf dem Weg in eine andere Moderne*, Frankfurt am Main 1996, S. 72.
36 Siehe mein Buch *Wasted Lives: Modernity and ist Outcasts*, Polity, Cambridge 2004, S. 46-53.
37 Siehe Balibar, „Europe" (wie Anm. 30).
38 Umberto Eco, *La Recherche de la langue parfaite dans la culture européenne*, Seuil, Paris 1994.

Kapitel 3
1 Franz Kafka, „Der Bau", in: *Die Erzählungen*, Frankfurt am Main o. J., S. 378.
2 Robert Castel, *L'Inscurité sociale. Qu'est-ce qu'être protégé?*, Seuil, Paris 2003, S. 5.
3 S. Freud, *Das Unbehagen in der Kultur*, in: *Freud Studienausgabe*, Fischer, Frankfurt am Main 2000, Bd. 9, S. 217.
4 Castel, *L'Inscurité sociale* (wie Anm. 2), S.6.
5 Ebd., S. 22.
6 Ebd., S. 46.
7 Siehe meine Schrift *Individualized Society*, Polity, Cambridge 2002.
8 Siehe Castel, *L'insécurité sociale*, S. 47 ff.
9 Benjamin Barber, *Fear's Empire* (wie Anm. 12), S. 158ff.
10 Zitiert nach „Asylum: a strategy emerges", in: *Guardian*, 25. Feb. 2004, S. 1.

[11] Siehe Alain Morice, L'Europe enterre le droit d'asile, in: *Le Monde diplomatique*, März 2004, S. 14 f.

[12] „Une généalogie de l'insécurité contemporaine", entretien avec Philippe Robert, in: *Esprit*, Dez. 2002, S. 35-58.

[13] Richard Sennett, *The Corrosion of Character*, W. W. Norton, New York 1998, S. 43.

[14] Jacques Donzelot, „Les nouvelles inégalités et la fragmentation territoriale", *Esprit*, Nov. 2003, S, 132-157.

[15] Siehe mein Buch *Liquid Love*, Polity, Cambridge 2003.

[16] Eugen Weber, „The myth of the nation-state" (wie Kap.1, Anm. 30).

[17] Jo Goodey, „Whose insecurity? Organized crime, its victims and the EU", in: *Crime and Insecurity: The Governance of Safety in Europe*, hg. Von Adam Crawford, Willan Publishing, Cullompton, Devon 2002, S. 136 ff.

[18] Rory Carroll, „In praise of smugglers", in: *Guardian*, 2. Sept. 2000, S. 8.

Kapitel 4

[1] SieheTzvetan Todorov, *Le nouveau désordre mondial*, Robert Laffont, Paris 2003, S. 87ff.

[2] Cornelius Castoriades, „L'individu privatisé". Interview mit Robert Redeker in Toulouse, 22, März 1997, wiederabgedruckt in: *Le Monde diplomatique*, Feb. 1998, S. 23.

[3] Siehe Lionel Jospin, „Solidarity or playing solitaire", in: *Hedgehog Review*, Frühjahr 2003, S. 32-44.

[4] Siehe z. B. Cris Shore, „Whither European citizenship?", in: *European Journal of Social Theory* (Feb. 2004), S. 27-44.

[5] Jürgen Habermas, *Die postnationale Konstellation*, (wie Kap. 1, Anm. 24), S. 117.

[6] Ebd, S. 154.

[7] Ebd., S. 152.

[8] Ebd., S. 156.

[9] Ebd., S. 164.

[10] Ebd., S. 162f.
[11] Siehe Jan-Werner Müller, „Europe. Le pouvoir des sentiments: l'euro-patriotism en question?, in: *La Vie des idées* (Apr.-Mai 2004), S. 19.
[12] Siehe Madeleine Bunting, „Listen to the crowds", in: *Guardian*, 13. März 2004, S. 21.
[13] Franz Kafka, „Fürsprecher", in: *Die Erzählungen*, Frankfurt am Main o. J., S. 332.

INDEX NOMINUM

Agamben, Giorgio   160

Bachtin, Michail   118, 119
Balibar, Etienne   68, 69, 102, 124, 125
Barber, Benjamin   13, 87, 93, 94, 96, 98, 141
Beck, Ulrich   20, 117, 118
Bennett, William J.   58
Beveridge, Lord   116, 117
Blunkett, David   142
Brzezinski, Zbigniew   75, 80, 82
Bunting, Madeleine   185, 186
Buuren, Jelle van Kadmos   47

Carroll, Rory   159
Castel, Robert   130, 132, 133, 137
Castoriades, Cornelius   170
Cervantes, Miguel de   116
Chemillier-Gendrau, Monique   69
Clausewitz, Carl von   69

Davies, Norman   28
Delors, Jacques   183
Derrida, Jacques   84, 95, 129, 185
Deutsch, Karl   66
Donzelot, Jacques   149

Eco, Umberto   125

Fine, Robert   71, 72
Freud, Sigmund   131

Fukuyama, Francis	104, 105
Gadamer, Georg	29
Gerard, Leo	91
Goethe, Johann Wolfgang von	32, 41
Goodey, Jo	158, 159
Habermas, Jürgen	20, 49, 65, 88, 96, 113, 157, 175, 176, 180, 181, 182, 185
Hadi, Muhammed Abdel	53
Harvey, David	79, 92, 93, 98, 104
Havel, Vaclav	62, 63
Hegel, Georg Wilhelm Friedrich	34
Heidegger, Martin	31
Hobbessche Welt	11, 68, 101, 102, 103, 105, 124, 126
Hutton, William	67
Ignatieff, Michael	77
Inozemtsev, Vladislav	67, 75
Jafet	24
Jospin, Lionel	172
Jowitt, Kenneth	76
Juhasz, Antonia	50
Kafka, Franz	127, 128, 186
Kagan, Robert	68, 75, 100, 101, 102
Kantische Welt	40, 66, 68, 101, 102, 105, 126, 173
Kapuściński, Ryszard	55, 56
Klein, Naomi	45, 46, 53, 55
Koselleck, Reinhard	18, 66, 184
Kuznetsova, Ekaterina	67, 75

Lepenies, Wolf	41, 42, 49, 73
Lind, Michael	90
Lourenço, Eduardo	35
Mann, Michael	76
Marx, Karl	153
Monbiot, George	73
Montaigne, Michel	37
Montesquieu, Charles de	78, 80
Morice, Alain	142
Nye, Joseph	75
Pilger, John	86, 87
Platon	35
Pollock, Allyson	112
Pomian, Krysztof	30
Poyue, Alchaton Agne	61
Preuss, Ulrich K.	67
Ricoeur, Paul	166
Robert, Philippe	146, 147, 148
Roosevelt, Franklin Delano	115, 116, 117
Rorty, Richard	72, 89, 90
Rosenzweig, Franz	125
Rougemont, Denis de	23, 32
Rumsfeld, Donald	75, 94, 163, 164, 165
Saki (Hector Hugh Munro)	31
Schmitt, Carl	95
Seddon, Mark	95
Sen, Amartya	70, 124
Sennett, Richard	147
Simmel, Georg	170
Stiglitz, Joseph	60, 61

Taber, Robert	164
Tacitus, Cornelius	165
Therborn, Göran	34
Todorov, Tzvetan	76, 78, 166, 167, 168
Toynbee, Arnold	77
Toynbee, Polly	89
Valéry, Paul	36
Venn, Couze	50
Virilio, Paul	83
Warleigh, Alex	28
Wat, Aleksander	26
Weber, Eugen	70, 157
Weber, Max	125, 145, 156, 191, 194
Wells, H.G.	25

INDEX RERUM

Amerikanische Supermacht　　75, 76, 77, 82, 89, 126
Amerikanischer Unilateralismus　53, 94
Autonome Gesellschaft　　172

Demokratie　　14, 48, 51, 54, 57, 60, 63, 73, 86, 87, 105, 144, 164, 170, 171, 172, 174

Europa
  Globalisierungsmission　　39
  Identität　　20, 28, 42, 62, 63, 64, 166, 167, 177
  Kultur　　32, 35, 36, 56
  Werte　　56, 63, 75, 167, 170, 172, 186
Europäisches Abenteuer　　13, 23, 25, 26, 32, 34, 38, 48, 50, 62, 66, 67, 73, 172, 186

Exklusion　　113, 124, 138, 147, 148, 149

Fehlende Alternative　　106
Fordistische Fabrik　　134
Furcht　　77, 81, 96, 97, 105, 107, 115-119, 123, 128-133, 137, 144, 148, 151, 155, 156, 161, 186
  Furchtkapital　　151, 154
  Furchtmanagement　　133, 135, 136

Gefährliche Klassen　　137, 138
Gerechtigkeit　　40, 67, 164, 168, 169, 170
Globales Grenzland　　125

Hit-and-run-Taktik　　98, 99, 100

Hobbes'sche Welt	11, 68, 102-103, 105, 124, 126
Kantische Welt	40, 66, 68, 101, 102, 105, 126, 173
Kosmopolitanismus	71
Legitimationskrise	157
Lokaler Wettbewerb	90
Logik der lokalen Beschränkung [entrenchment]	179
Verantwortung	45, 50, 54, 63, 65, 91, 99, 113, 121, 132, 179, 180, 181, 186
Nachkriegskonsens	107
Nationalismus	20, 63, 157, 174, 176
Nationalstaat	13, 14, 15, 18, 46, 60, 88, 111, 114, 173, 174, 178, 179, 180, 181, 183, 194, 195
Patriotismus	
Heroischer	177, 178
Verfassungs-	49
Persönliche Sicherheit	123
Rationalität	79, 80, 126, 145, 167, 168, 169, 190
Religiöser Fundamentalismus	86, 145
Sicherheit	37, 47, 48, 59, 60, 67, 71, 72, 87, 101, 103, 111, 116-118, 120, 127-130, 132, 137, 142, 145, 146, 147, 148, 155, 156, 158, 159
Sicherheitsstaat	116, 122, 127
Solidarität	135, 136, 145, 169, 182, 186

Sozialstaat	107, 109-117, 121, 122, 124, 125, 127, 134, 136, 138, 141, 142, 144, 145, 154-156
Standortkonkurrenz	89, 92, 107, 111, 179, 180
Terrorismus	78, 87, 95, 96, 117, 123, 141, 156, 161-165

ULRICH BECK
Sinn und Wahnsinn der Moderne

Eine Laudatio auf den großen polnischen
Soziologen und Philosophen*

Zygmunt Bauman ist kein gewöhnlicher Mensch, Zygmunt Bauman ist kein gewöhnlicher Soziologe. Sein Lebenslauf ist tief gezeichnet von den Katastrophen des 20. Jahrhunderts – dem Zweiten Weltkrieg, dem deutschen Nationalsozialismus, dem Stalinismus und der Judenverfolgung. Als Opfer antisemitischer Hetzkampagnen floh er 1968 von Warschau nach Israel. Aber weil Bauman die Missachtung der Rechte der Palästinenser nicht ertrug, nahm er bald darauf einen Ruf nach Großbritannien an die University of Leeds an. Erst nach seiner Emeritierung entstanden dort seine Werke und sein Weltruhm begann.

In meiner Wahrnehmung nimmt Bauman die intellektuelle Stellung eines jüdischen Kosmopoliten ein, vergleichbar jener Stellung, die Ephraim Lessing und Heinrich Heine im 19. Jahrhundert innehatten und Theodor W. Adorno und Hannah Arendt im Nachkriegsdeutschland – das, wie es Adorno ausdrückte, „um die Erlösung von den Hoffnungen der Vergangenheit" kämpfte. Zygmunt Bauman ist vielleicht der Letzte, dem dabei jener Platz zukommt, der im 20. Jahrhundert so schmerzlich leer wurde – in Deutschland und Europa.

In Baumans Denken sind Gesellschaftsgeschichte, Soziologie und Theorie der Moderne aufs Engste ineinander verwoben. In seinem Werk „Modernity and the Holocaust" (1989) hat Bauman die fundamentale Ambivalenz der Moderne, ihren

Sinn und Wahnsinn ins Zentrum einer öffentlichen, multidisziplinären Soziologie gerückt.

Er hat (wie sonst nur Theodor W. Adorno und Hannah Arendt) den Holocaust zum Bewährungsthema der Soziologie und Philosophie der Moderne erhoben. Ein zentrales Charakteristikum der Moderne ist für Zygmunt Bauman die Fähigkeit der Moderne, Destruktivität und Inhumanität effizient zu organisieren. Und es ist diese rationale Destruktivität und die destruktive Rationalität, die historisch einmündete in den Massenmord – in die planmäßig ausgeübte Gewalt und Brutalität, in das Vernichtungsprogramm der Nazis gegen die Juden, in die unvorstellbare Verbindung von Horror, Effizienz und Moderne.

Eine Bedrohung, die bleibt

Nicht nur für uns Deutsche, auch für die anderen westlichen Demokratien, ja, für die asiatische, südamerikanische, arabische und afrikanische Moderne wäre es ungleich bequemer, das rassistische Vernichtungsprogramm des Nationalsozialismus als eine deutsche Fehlentwicklung abzutun, als eine Barbarei, die, wie das Wort schon sagt, als etwas Fremdes, Dunkles, aus der inneren Logik der Moderne nicht kausal Ableitbares. Zygmunt Bauman, hierin viel näher an der „Dialektik der Aufklärung" als an der Apologetik der soziologischen Gegenwartstheorien, weist nach, dass der Weg nach Auschwitz kein deutscher Sonderweg, kein Abweg war, sondern ein im Ursprung der Moderne und der Aufklärung immer schon angelegter Wahnsinn. Also ist dieser Zivilisationsbruch keine ein für allemal überwundene Vergangenheit, sondern eine Bedrohung, die immer bleibt – nicht nur in Europa, überall in der Welt.

Wenn ich die Nachrichten höre, wie unter dem Ansturm militanter Gotteskrieger die mit imperialer Willkür gezogenen postkolonialen Staatengrenzen und Staaten zerfallen und die IS-Kämpfer mit den modernsten Mitteln der Bildkommunikation vor den Augen der Weltöffentlichkeit ihren menschenverachtenden Wahn zelebrieren, dann erinnert mich das an Baumans Thesen und Einsichten zu den Abgründen der Moderne. Dabei sehe ich die eigenartige Verschmelzung von Antimoderne und militärisch-kapitalistisch gerüsteter Hochmoderne. Zum anderen sehe ich zugleich am Beispiel der Kriege im Irak und Afghanistan, wie die Institutionen der westlichen Moderne versagen, selbst dann, wenn sie siegen.

Wo derart ganze Regionen der Welt von fundamentalistischer Gewalt überrollt werden, wo vor unseren Augen Millionen Menschen vertrieben oder brutal niedergemetzelt werden, wobei die militärische Antwort der westlichen Moderne den Hass und Wahnsinn schürt, den sie bekämpft – da erscheint geradezu idyllisch, was dieser Soziologentag als Leitbegriff hat: die Frage nach der Krise.

Dagegen stellt Bauman den Begriff des „Interregnums" ins Zentrum, wie die bisherige soziale und politische Ordnung der Welt zusammenbricht, ohne dass eine neue Weltordnung absehbar wäre.

Diese in Gewaltexzessen sich überall ankündigende Renaissance der Gesellschaftsgeschichte macht den unglaublichen Optimismus der eingespielten Gesellschaftstheorien und der gängigen Kulturkritik sichtbar: Schön wär's, wenn die von Max Weber finster versprochene, bürokratische Kontrollrationalität noch kontrollieren würde; schön wär's, wenn, wie Adorno und Foucault vorhersagten, uns nur der Terror des Konsums und des Humanismus terrorisieren würden; schön wär's, wenn die Störungsfreiheit der Systeme durch Appelle an die „Autopoiesis" wiederherstellbar wäre. Schön wär's, wenn es sich tatsächlich nur um eine Krise der Moderne handelte, die sich besänftigen ließe mit den liturgischen Formeln: mehr Markt, mehr Technologien, mehr funktionale Differenzierung, mehr „rational choice", mehr

Wachstum, mehr Waffen, mehr Drohnen, mehr Computer, mehr Internet und so weiter.

Begriff des Übergangs

Es ist keine Schande zu bekennen, dass auch uns Sozialwissenschaftlern die Sprache versagt, angesichts der Wirklichkeit, die uns überrollt. Die Sprache der soziologischen Theorien (aber auch der empirischen Forschung) erlaubt uns, uns dem Immergleichen des sozialen Wandels oder der Ausnahme der Krise zuzuwenden, aber sie erlaubt uns nicht, die gesellschaftshistorische Verwandlung der Welt am Beginn des 21. Jahrhunderts auch nur zu beschreiben, geschweige denn sie zu verstehen. Das Wort, der Begriff, die Metapher, die Zygmunt Bauman für diese Sprachlosigkeit als Merkmal der geistigen Situation der Zeit gefunden hat, ist: „Liquid Modernity".

Bauman verwendet diesen theoriediagnostischen Begriff des Übergangs, diesen Metapherbegriff, der das Bekannte verabschiedet und das Neue nicht weiß, um die im Bezugsrahmen der gängigen Sozialtheorien undenkbaren Ereignisse und politischen Transformationen ins Zentrum zu rücken. Der Wandel von Kunst, Religion, Recht, Wissenschaft, Politik, Macht, Identität und Sexualität wird im Bezugsrahmen der „Liquid Modernity" analysiert und interpretiert. In Baumans zahlreichen Schriften wird sichtbar, dass unsere sozialkonstruierten Gemeinschaften, Institutionen und Identitäten prekär und durchlässig geworden sind für die „liquid power", für die „liquid identities" der sich digitalisierenden Moderne.

Die Bürger der „liquid cities" sind „displaced persons" geworden, in Armeen von Konsumenten verwandelt. Sie leben nicht länger in „cosmo-polis", sondern in „Städten der Angst". Sie konfrontieren uns mit der neuen Conditio inhumana. Zuletzt hat Bauman beschrieben, wie das Leben unter dem digitalen Totalitarismus durch einen Bruch, durch eine das gesamte Dasein verwandelnde, nichts unberührt lassende Weltkontrollmacht getrennt ist von dem Leben in politischer Freiheit. In der Tat, jedes einzelne Buch in der letzten Dekade kann als Meisterwerk gelesen werden, auch wegen der tiefen Aufrichtigkeit, mit der Bauman die Tragödien unserer Zeit in soziologische Kategorien fasst und auch wegen seiner tiefsitzenden Überzeugung, dass die Welt dennoch zu einem besseren Ort werden kann.

History is back!

Zygmunt Baumans Soziologie steht damit für die Wiederkehr der Gesellschaftsgeschichte, für die Botschaft: History is back! Darin liegt, sagen wir es offen, für den Mainstream der Soziologie und wohl auch der Politikwissenschaft heute eine Provokation. Denn die Gesellschaftstheorien eines Foucault, eines Bourdieu und eines Luhmann ebenso wie phänomenologische und „Rational-Choice"-Theorien haben über alle Gegensätze hinweg eine fundamentale Gemeinsamkeit: Sie legen den Fokus auf die Reproduktion und gerade nicht auf die Transformation der sozialen und politischen Ordnung ins Unbekannte, Unkontrollierbare. Sie sind „End-of-history"-Soziologien. Sie machen unsichtbar, dass sich die Welt erneut in eine Terra incognita verwandelt.

Auf diese Weise gerät die Historizität der Moderne mitsamt ihren immens gesteigerten Zerstörungspotenzialen aus dem Blick: Ja, die Gesellschaftsgeschichte wird zum einem zur Nationalgeschichte verkürzt. Zum anderen wird die prinzipielle Unvorhersehbarkeit und Unkontrollierbarkeit der Zukunft, die Dialektik von Sinn und Wahnsinn der Moderne zur Erzählung von der Rationalisierung und funktionalen Differenzierung der Welt verharmlost. Wo dies geschieht, wird der Horizont der Soziologie unter der Hand verengt, auf die Gegenwart festgeschrieben. Mit anderen Worten, da verfängt sich die Soziologie in dem, was im Englischen „presentism" genannt wird, im alternativlosen Festschreiben und Fortschreiben der Gegenwart. Dies führt zu einem „zeitblinden" und „kontextblinden" Modell von Modernisierung. Dem entspricht der selbstzufriedene Glaube an die richtige Welteinrichtung, wenn die Menschen nur so wären wie man selbst.

Liquide Macht

Zygmunt Baumans Theorie der „Liquid Modernity" hat mit diesem Modell der Reproduktion sozialer und politischer Ordnung gebrochen. Damit geraten eine ganze Reihe neuartiger Dynamiken, Verläufe und Regime der Transformation in den Blick. Diese fasst Bauman in der These „The Triple Challenge" zusammen. Eine für historischen Wandel offene Soziologie reflektiert demnach, so Bauman, drei Kategorien des Übergangs: „Interregnum"; „hergestellte Ungewissheit"; und „institutionelle Disparität".

Für die soziologische Transformationstheorie im Sinne von Bauman steht die Frage im Zentrum, wie der Zusammenhang von Kontinuität und Diskontinuität, von Sinn und Wahnsinn der Moderne gedacht werden kann. Und wie dieser Zusammenhang im Dialog zwischen Wirklichkeitsdiagnose und Wissenssoziologie empirisch nachgewiesen werden kann. Zu diesem Zweck führt Bauman den Begriff des „Interregnum" (Antonio Gramsci) ein. Er verweist dabei auf eine Art historisch versetzte Wiederholung des Prozesses, der Max Weber vor Augen stand, als er die Ursprünge des modernen Kapitalismus analysierte.

Wie Max Weber im Blick auf die entstehende moderne kapitalistische Gesellschaft die Emanzipation der Wirtschaft von der Hauswirtschaft ins Zentrum stellte, müssen wir heute analysieren, wie Weltwirtschaft die Regeln und Schutzgebote der Nationalstaaten immer mehr abstreift. Bauman nennt das: Die scheinbar unverbrüchliche Heirat von Macht und Politik endet in einer Trennung mit der Aussicht auf Scheidung. Entsprechend wird die Herrschaft, verwandelt in liquide Macht, teilweise in den Cyberspace, in Märkte und mobiles Kapital verströmt, teilweise auf die Individuen abgewälzt, die die entstehenden Risiken allein bewältigen müssen. Und gegenwärtig ist kein Äquivalent des souveränen Nationalstaates in Sicht.

Zum „The Triple Challenge" gehört, so Bauman, weiter das Themenfeld der „manufactured uncertainties", der selbstverschuldeten Unsicherheit. In diesem Zusammenhang setzt er sich auch mit meinen Ausführungen zur Weltrisikogesellschaft auseinander. Bauman formuliert das so: „Things become known thanks to the disappearance or shocking change. Indeed, we have become acutely conscious of the awesome role, which the 'categories of risk', 'risk calculation' and 'risk-taking' played in our modern history, only at the moment when the term 'risk' lost much of its former utility and [...] having turned into a 'zombie-concept'."

„Triple Challenge", das heißt schließlich „institutionelle Disparität": „The planetary state of affairs", so Bauman, „is now buffeted by ad hoc assemblies of discordant powers unconstrained by political control due to the increasing powerlessness of the extant political institutions. The latter are thereby forced to severely limit their ambitions and to 'hive off' a 'outsource' or 'contract-out' the growing number of functions traditionally entrusted to the governance of national governments to the non-political agencies."

Transformation der Theorie

Ich möchte hier nicht darauf eingehen, was das im Einzelnen bedeutet. Mir kommt es im Kontext des Soziologentages eher auf das Handwerkliche, auf die Arbeit an der Theorie an: Die Theoretisierung der Transformation erfordert eine Transformation der Theorie.

Das gängige Theorieverständnis in der Soziologie, das Theorie mit universalistischer Theorie gleichsetzt, unterscheidet zwischen Theorie und Zeitdiagnose. Impliziert in dieser Unterscheidung ist ein Werturteil, nach dem Zeitdiagnose theorielos ist. Als solche wird sie als zwielichtig wahrgenommen. Und in der Tat, viele Zeitdiagnosen übergeneralisieren einzelne Ereignisse oder Beobachtungen. Aber was Bauman vorlegt, ist etwas ganz anderes: Hier geht es um eine theoretisch anspruchsvolle, historische Diagnose der Transformation der Welt. Diese entwickelt eine Prozessbegrifflichkeit mittlerer Reichweite, die es uns erlaubt, die Verwandlung der Wirklichkeit zu beschreiben, die die universalistischen Theorien verkennen.

Diese Transformation des Verständnisses der Theorie dreht die Hierarchie zwischen universalistischer Theorie und historisch-theoretischer Zeitdiagnose um. Der sozialtheoretische Universalismus, der die moderne Soziologie prägt und blind macht für die Wiederkehr der Gesellschaftsgeschichte, wird zu einem falschen Universalismus. Nicht nur das; er verführt die Soziologie dazu, sich in der Schmollecke der besserwisserischen Irrelevanz einzurichten.

Wenn die Deutsche Gesellschaft für Soziologie heute Zygmunt Bauman mit ihrem wichtigsten Preis, den Preis für sein Lebenswerk auszeichnet, dann ist das ein wichtiger Schritt auf dem Weg mit dem Ziel, die soziologische Imagination für die historische Transformation von Sinn und Wahnsinn der Moderne zu öffnen.

Überleben als Selektion

Doch eine Laudatio wäre an einem wichtigen Punkt unvollständig, wenn sie nicht ein weiteres Merkmal von Baumans Werk hervorhebt: die ganz besondere historische, moralische und ästhetische Sensibilität seiner Sprache und seines Denkens, die wohl nicht zuletzt aus seiner Erfahrung der Barbarei erwachsen ist. Dazu gehört die Frage nach der moralischen Qualität der Begriffe, die wir scheinbar wertfrei-analytisch verwenden. „Überleben" ist für Bauman ein solcher Begriff. Ich zitiere: „Mit dem Zurücktreten, Verblassen der direkten Erfahrung der Opfer spitzt sich die Erinnerung an den Holocaust zu und gerinnt zur Lehre vom Überleben: Leben ist Überleben, [...] wer überlebt – gewinnt."

So heißt es in der Adorno gewidmeten Rede, die Bauman 1998 in der Paulskirche hielt, als er mit dem Adorno-Preis ausgezeichnet wurde. Dem Begriff des Überlebens wohnt der Begriff der Selektion inne und damit das Prinzip, das die Menschen in Opfer und Täter unterteilt und das nicht nur den Täter zum Henker macht, sondern auch das Opfer zum Täter: Der Stärkere überlebt! Ich zitiere: „Das Gespenst des Holocaust flüstert diese Lektion in viele Ohren. Sie ist der vielleicht schlimmste Fluch des Holocaust und Hitlers größter posthumer Sieg."

Heute ist das Überleben der Menschheit als Ganzes bedroht. Es gibt genug Grund für Verzweiflung, Angst und Zorn. Die Devise „leben, also überleben" breitet sich aus. Eine der Lehren, die Bauman an uns weitergibt, ist es, diese Ängste, diesen Verrat und Schrecken, die, wie Bauman es formuliert, als „Zeitbomben" im Fundament des modernen Lebens „ticken", in die soziologische Selbstprüfung der Moderne einzubeziehen.

Auch dafür und für vieles andere mehr erhältst du, Zygmunt, heute den angesehensten Preis, den die Deutsche Gesellschaft für Soziologie zu vergeben hat; herzlichen Glückwunsch und danke, Zygmunt, für dein Lebenswerk – ein Sinnbild des „emanzipatorischen Katastrophismus".

---

* Die Deutsche Gesellschaft für Soziologie zeichnete auf ihrem 37. Kongress im Oktober 2014 Zygmunt Bauman für „ein hervorragendes wissenschaftliches Lebenswerk" aus. Die Laudatio von Ulrich Beck wurde am 14.10.2014 erstmals in der TAZ veröffentlicht.

Ulrich Beck, einer der bedeutendsten Soziologen der Gegenwart, starb im Januar 2015 im Alter von 70 Jahren. Weit über die Fachgrenzen hinaus bekannt wurde Beck mit seinem 1986 erschienenen und in 35 Sprachen übersetzten Buchtitel „Risikogesellschaft. Auf dem Weg in eine andere Moderne". Er lehrte außer an seiner Heimatuniversität München in Harvard und an der London School of Economics.

Der überzeugte Europäer Ulrich Beck forderte als politische Konsequenz aus der Globalisierung überstaatliche Autoritäten zur Bändigung global entfesselter (Markt-)Kräfte und regte die Bildung multinationaler Weltbürger-Parteien an. Als die Finanzkrise 2010 in eine europäische Staatsschuldenkrise mündete, verfasste Beck 2012 mit dem Grünen-Politiker Daniel Cohn-Bendit das Manifest „Wir sind Europa!", das ein Freiwilliges Europäisches Jahr für alle Altersgruppen propagierte mit dem Ziel, Europa im tätigen Miteinander seiner Bürger „von unten" neu zu gründen.

Ausgewählte Neuausgaben der Europäischen Verlagsanstalt

**Zygmunt Bauman
Dialektik der Ordnung
Die Moderne und der Holocaust**
eva taschenbuch 105
253 Seiten
ISBN 978-3-86393-031-8

Der Holocaust wurde inmitten der modernen Gesellschaft konzipiert und durchgeführt, in einer hochentwickelten Zivilisation und im Umfeld außergewöhnlicher kultureller Leistungen; er muss daher als Problem dieser Gesellschaft, Zivilisation und Kultur betrachtet werden.

Der polnisch-britische Soziologe und Philosoph Zygmunt Bauman leistet mit seiner Untersuchung einen Beitrag zur Erforschung der Moderne. Den Holocaust betrachtet er als Ergebnis des Zivilisationsprozesses, dessen Mechanismen er analysiert. Er zeigt auf wie moralische, gesellschaftliche, soziale, bürokratische und technische Voraussetzungen der voranschreitenden Modernisierung den Holocaust ermöglicht haben.

Edmund Husserl
Die Krisis des europäischen
Menschentums und die Philosophie
Mit einer Einführung von
Bernhard Waldenfels
eva taschenbuch 263
76 Seiten
ISBN 978-3-86393-017-2

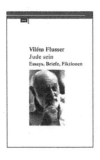

Vilém Flusser
Jude sein
Essays, Briefe, Fiktionen
Herausgegeben von Stefan Bollmann und
Edith Flusser
Mit einem Nachwort von David Flusser
eva taschenbuch 273
188 Seiten
ISBN 978-3-86393-055-4

Vilém Flusser
Von der Freiheit des Migranten
Einsprüche gegen den Nationalismus
eva taschenbuch 254
142 Seiten
ISBN 978-3-86393-041-7

Micha Brumlik
Vernunft und Offenbarung
Religionsphilosophische Versuche
eva taschenbuch 247
275 Seiten
ISBN 978-3-86393-024-0

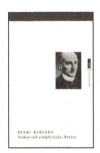

Henri Bergson
Denken und schöpferisches Werden
eva taschenbuch 50
279 Seiten
ISBN 978-3-86393-061-5

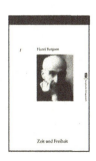

Henri Bergson
Zeit und Freiheit
eva taschenbuch 213
189 Seiten
ISBN 978-3-86393-020-2

Thomas Nagel
Letzte Fragen
Mortal Questions
Herausgegeben und mit einem
Schriftenverzeichnis versehen von
Michael Gebauer
eva taschenbuch 258
410 Seiten
ISBN 978-3-86393-015-8

Henri Lefebvre
Die Revolution der Städte
La Révolution urbaine
Neuausgabe mit einer Einführung von
Klaus Ronneberger
eva taschenbuch 274
201 Seiten
ISBN 978-3-86393-057-8

Das ganze Verlagsprogramm finden Sie im Internet unter
www.europaeische-verlagsanstalt.de